Las Vegas Reiseführer 2024

Ein ultimativer Insider-Leitfaden für eine Stadt, die niemals schläft: Erkundung jenseits des Strips, der Innenstadt von Las Vegas, der Casinos, und des Nachtlebens.

Imogen Dunn

Alle Rechte vorbehalten. Die hier bereitgestellten Informationen werden als wahrheitsgetreu und konsistent erklärt, da jegliche Haftung, sei es aus Unachtsamkeit oder anderweitig, durch die Nutzung oder den Missbrauch der darin enthaltenen Richtlinien, Prozesse oder Anweisungen ausschließlich und vollständig in der Verantwortung des Empfängerlesers liegt. Alle Urheberrechte, die nicht beim Herausgeber liegen, liegen beim jeweiligen Autor.

Kein Teil dieser Veröffentlichung darf ohne die vorherige schriftliche Genehmigung des Herausgebers in irgendeiner Form oder mit irgendwelchen Mitteln, einschließlich Fotokopien oder anderen elektronischen oder mechanischen Methoden, reproduziert, verbreitet oder übertragen werden, außer im Fall von kurzen Zitaten, die in enthalten sind kritische Rezensionen und bestimmte andere nichtkommerzielle Nutzungen, die durch das Urheberrecht zulässig sind.

Urheberrecht © Imogen Dunn, 2024.

Inhaltsverzeichnis

Einführung

Willkommen, Abenteurer, im schillernden Reich, in dem die Wüstensonne die neon beleuchteten Nächte küsst – eine außergewöhnliche Reise durch das pulsierende Herz von Unterhaltung, Spannung und endlosen Möglichkeiten. Wenn Sie diesen Reiseführer in Ihren Händen halten, begeben Sie sich nicht nur auf eine Reise, sondern betreten eine Welt, in der jeder Moment voller Abenteuer verspricht.

Im Schatten hoch aufragender Casinos und unter dem ikonischen Glanz des Strip offenbart sich Las Vegas als eine Stadt voller Geheimnisse und Spektakel. Stellen Sie sich einen Ort vor, an dem viel auf dem Spiel steht, die Shows Weltklasse sind und der Nachthimmel eine Leinwand ist, die mit leuchtenden Farben tausender Möglichkeiten bemalt ist. Aber inmitten des Glamours verbirgt sich eine Erzählung, die darauf wartet, durch eine Geschichte über verborgene Schätze, lokale Treffpunkte und den authentischen Herzschlag einer Stadt, die niemals schläft, enträtselt zu werden.

Wenn Sie also bereit sind, sich über die Klischees hinauszuwagen und in die Seele von Las Vegas einzutauchen, begleiten Sie mich auf einer fesselnden Reise. Gemeinsam navigieren wir durch das Labyrinth der Unterhaltung, genießen kulinarische Köstlichkeiten jenseits der Buffets und entdecken die Wunder abseits des Strips, die diese Wüstenoase ausmachen.

Bereiten Sie sich auf eine Reise vor, bei der sich jede Seite wie die Drehung eines Rouletterads dreht und den Nervenkitzel des Entdeckens und den Reiz unerzählter Geschichten verspricht.

Dieser Reiseführer für Las Vegas hilft Ihnen bei der kostengünstigen Erkundung der Stadt und zeigt Ihnen eine Fülle von Erlebnissen abseits des berühmten Strips.

Kurze Geschichte von Las Vegas

Vorgeschichte und Gründung von Las Vegas

Die Existenz von Menschen im Süden Nevadas reicht über 10.000 Jahre zurück, wie Petroglyphen in Canyons belegen. Der Stamm der Paiute war bereits im Jahr 700 n. Chr. in der Region ansässig. Rafael Rivera war der erste Mensch der europäischen Abstammung, der das Las Vegas Valley betrat.

Er tat dies im Jahr 1821, als Antonio Armijo auf der Mission war, den Old Spanish Trail zu errichten, eine Handelsroute, die New Mexico und Kalifornien verband. Die Gräser im Tal, die Quellwasser bekommen, sind der Grund, warum Rivera es „die Wiesen" nannte – Las Vegas.

Nach dem Ende der mexikanischen Regierung im Jahr 1848 und der Übernahme der Kontrolle über das Tal durch die Vereinigten Staaten änderte sich kaum viel, bis Brigham Young 1855 eine Gruppe mormonischer Einwanderer dorthin verlegte. Octavius Gass übernahm die Kontrolle über ihre verlassene Festung, als ihre Kolonie scheiterte, und benannte den Standort in „Los Vegas Rancho" um (die Schreibweise wurde geändert, um Verwechslungen mit Las Vegas, New Mexico) zu vermeiden.

Die Geburt von Las Vegas

Mit der Einführung der Linien San Pedro, Los Angeles und Salt Lake im Jahr 1905 wurden die wichtigsten Eisenbahnnetze des Landes und des Pazifiks mit Las Vegas verbunden. Unterstützer der Eisenbahngesellschaften versteigerten die zukünftige Innenstadt, und Las Vegas war es auch 1911 gegründet.

Obwohl das Glücksspiel in Nevada im Jahr 1910 verboten wurde, war es in Flüsterkneipen und nicht lizenzierten Casinos dennoch legal. Als das Glücksspiel 1931 wieder erlaubt wurde, hatte sich die organisierte Kriminalität in der Stadt bereits etabliert.

Als 1931 mit dem Bau des riesigen Boulder-Staudamms (später Hoover-Staudamm genannt) begonnen wurde, wurden Hunderte von Arbeitern an einen Ort östlich der Stadt geschickt. Um Arbeitskräfte für den Bau anzuwerben, entstanden in der Fremont Street, der einzigen gepflasterten Durchgangsstraße der Stadt, Kasinos und Veranstaltungsorte für Showgirls. Nach der Fertigstellung des Staudamms im Jahr 1936 wurden die blinkenden Schilder „Glitter Gulch" in Fremont mit kostengünstiger Wasserkraft betrieben.

Der Strip, der Mob und das Zeitalter des Glamours in Las Vegas

Etwas außerhalb der Stadtgrenzen, auf einem Abschnitt der US 91, öffnete 1941 das El Rancho Vegas Resort seine Pforten. Bald darauf gab es weitere Hotels und Casinos entlang der Straße, die als „Strip" bekannt wurde. Der Großteil wurde im Hinblick auf den Wilden Westen oder regionale Elemente gebaut, die in der Fremont Street üblich waren.

Gangster Bugsy Siegel gründete 1946 mit Hilfe mexikanischer Drogengelder, die dem jüdischen Ostküstenkriminellen Meyer Lansky gehörten, das Flamingo, ein nobles Resort, das sich eher von Hollywood als von Deadwood inspirieren ließ. Zahlreiche Berühmtheiten waren bei der Eröffnung am ersten Weihnachtsfeiertag anwesend und in den Clubs waren hochkarätige Künstler eingeplant.

Selbst nachdem Siegel 1947 getötet wurde, blieb seine Vision für Las Vegas bestehen: In den 1950er und 1960er Jahren trugen Mobs zum Bau der Sahara, der Sands, des New Frontier und der Riviera bei. Geld von Wall-Street-Banken, Pensionsfonds der Gewerkschaften, der Stiftung der Princeton University und der Mormonenkirche, gemischt mit Geld von seriöseren Investoren, einschließlich der organisierten Kriminalität. Bis 1954 besuchten jährlich acht Millionen Besucher die Resorts, angelockt durch die Anwesenheit berühmter Künstler wie Frank Sinatra, Dean Martin und Elvis Presley sowie einer Fülle von Spielautomaten und Spieltischen.

Als Standorte aus dem Zweiten Weltkrieg durch Anlagen aus dem Kalten Krieg ersetzt wurden, allen voran das Testgelände in Nevada, wo zwischen 1951 und 1963 über 100 Atombomben abgeworfen wurden, erlebte Las Vegas ab den 1940er-Jahren einen militärischen Aufschwung. Von den Hotels am Strip aus waren oft Pilzwolken zu sehen und auf Postkarten wurde Las Vegas als „Up and Atom City" bezeichnet.

Der Aufstieg der Mega-Casinos in Las Vegas

Howard Hughes entschied sich für den Kauf des Desert Inn, anstatt rausgeschmissen zu werden, nachdem er 1966 in das Penthouse eingecheckt hatte. Außerdem zahlte er 300 Millionen Dollar für zusätzliche Hotels und leitete damit eine neue Phase ein, in der Konzerne an die Stelle der Mafia-Interessen traten.

Steve Wynn, ein erfahrener Casino-Unternehmer, eröffnete 1989 das Mirage, das erste Mega-Resort der Stadt. In den folgenden 20 Jahren erlebte der Strip einen weiteren Wandel. Riesige Komplexe, die von glitzernden Reisezielen wie New York, Paris, Venedig und dem antiken Rom und Ägypten inspiriert waren, ersetzten alte Casinos, die durch Sprengstoff zerstört wurden.

Unterhaltung und Casinos waren nach wie vor die wichtigsten Arbeitgeber in Las Vegas, und die Stadt wuchs mit der Größe der Resorts und der Zahl der Touristen, die jedes Jahr kamen. Im Jahr 2008 begrüßte die Stadt bis zu 40 Millionen Touristen, obwohl ihre Bürger mit einer Rezession, erhöhter Arbeitslosigkeit und sinkenden Immobilienpreisen zu kämpfen hatten.

9 Gründe, Las Vegas zu besuchen

Wenn Sie fünfzig Personen nach ihren Erfahrungen bei einem Besuch in Las Vegas fragen, werden Sie wahrscheinlich fünfzig verschiedene Erklärungen dafür hören, warum es so fantastisch ist. Zugegeben, einige, die noch im Dreck stecken, sind vielleicht nicht so begeistert von einem Besuch in Sin City, aber es ist wichtig, sich daran zu erinnern, dass in Las Vegas fast jeder etwas finden wird, das ihm gefällt, und Sie werden zweifellos mit erstaunlichen Erlebnissen abreisen. Egal, ob Sie geschäftlich unterwegs sind, mit Ihren Lieben Urlaub machen, alleine reisen oder sich dem Gesetz entziehen, Las Vegas ist ein fantastisches Reiseziel.

Dies sind die 9 wichtigsten Gründe, Las Vegas zu besuchen, angefangen von den besonderen Attraktionen bis hin zu seinem Status als perfektes Urlaubsziel.

1. Erschwinglichkeit

Der Vergleich von Las Vegas mit anderen Orten ist einfacher. Die Anreise dorthin ist preisgünstig; Hotelzimmer in anderen Städten wie New York oder San Francisco würden 800 Dollar pro Nacht kosten. Wenn Sie hingegen in Las Vegas sind, erhalten Sie weniger. Die Küche ist nicht nur fantastisch, sondern auch preisgünstig! Das gibt Ihnen zusätzliches Geld, das Sie beim Online-Baccarat einsetzen können!

Für einen kleinen Teil dessen, was Sie für den Broadway oder Unterhaltung in Los Angeles ausgeben würden, können Sie sich auch Theaterstücke, Filme, Theater und andere Unterhaltungsformen ansehen.

Es ist schwer, die Kombination aus exzellentem Service und angemessenen Kosten zu übertreffen, die Las Vegas so einzigartig macht.

2. Unterkünfte

Wie gut sind die Hotels in Las Vegas? Sie haben ein unvergleichliches Maß an Eleganz und sind ein Kuss für den Chefkoch. Darüber hinaus sollten Sie die Qualität der Unterkünfte nicht unterschätzen.

Sie sind am idealen Ort angekommen, wenn Ihr Ziel für diesen besonderen Urlaub Entspannung ist! In der Region gibt es mehrere Hotels mit erstklassiger Ausstattung. In vielen Hotels in Las Vegas stehen großartige Pools, Spas und andere Einrichtungen zur Verfügung, die Ihnen helfen, sich zu entspannen und Körper und Geist zu beruhigen. Zusammen ergeben sie ein ganz besonderes Erlebnis.

Darüber hinaus stehen Ihnen wahrscheinlich Optionen vor Ort zur Verfügung, wenn Sie Vegas wegen seiner berühmten Casinos und seines Nachtlebens besuchen. Wenn nicht, werden Sie herzlich willkommen geheißen und zu den besten Alternativen in der Gegend weitergeleitet.

Darüber hinaus bietet Vegas eine große Auswahl an Unterkunftsmöglichkeiten für jedes Budget.

3. Einkaufen

Sobald Sie die Casinos verlassen, bietet Las Vegas zahlreiche fantastische Einkaufsmöglichkeiten. An den Spieltischen gibt es keine tollen Angebote. Dennoch gibt es in Las Vegas fantastische Orte zum Einkaufen, wie die Fashion Outlets und Las Vegas Premium Outlets. In beiden Outlet-Centern gibt es enorme Rabatte auf Designerprodukte.

In Vegas gibt es auch viele Pfandleihgeschäfte. Wenn Sie sich wohl fühlen, vorsichtig mit Ihren Gegenständen umzugehen, können Sie sie besuchen.

4. Die Küche

Und schließlich gibt es nichts Besseres als in Las Vegas zu speisen. Was möchtest du haben? Wenn Sie etwas benennen können, können Sie es wahrscheinlich hier finden.

Sie können Ihre Wünsche in einem Fünf-Sterne-Restaurant finden und erfüllen. Eine der großartigsten verfügbaren Optionen wäre das L'Atelier de Joël Robuchon im MGM Grand, ein Gourmet-Paradies, das von Frankreichs „Koch des Jahrhunderts" veranstaltet wird.

Picasso ist jetzt in Bellagio. Dieses Restaurant wurde dreizehn Mal mit dem AAA 5 Diamond Award ausgezeichnet. Das Guy Savoy befindet sich im Caesars Palace, dem einzigen Ort in den USA, an dem Sie das berühmte Pariser Savoy-Menü probieren können. Jede Mahlzeit in der Burger Bar in Mandalay Bay wird wie ein König behandelt. Sie mögen bemerken, C'est Herrlich!

In der Burger Bar von Mandalay Bay, die vegane, Lamm-, Büffel- und andere Burgersorten serviert, werden sogar Hamburger königlich behandelt. Es ist wunderbar!

5. Es gibt viele Outdoor-Aktivitäten.

Der Großteil der Aufmerksamkeit gilt dem Essen und der Unterhaltung, aber jeder, der die Natur genießt, sollte Las Vegas besuchen. Der wunderschöne Lake Mead liegt etwa eine Stunde außerhalb der Stadt, während der Red Rock Canyon nur 20 Minuten entfernt ist.

Etwas weiter entfernt finden Sie den Zion-Nationalpark in Utah und das Death Valley in Kalifornien. Die Fahrt zum Grand Canyon dauert etwa fünf Stunden, was für einen schönen

Tagesausflug ausreicht. Eine Person, die die freie Natur genießt, würde Las Vegas lieben!

6. Las Vegas als das Land der Abenteuer

Die Zahl der „Abenteuertourismus"-Attraktionen in der Stadt hat dramatisch zugenommen und ist für Touristen attraktiv, die etwas anderes als das typische Partywochenende suchen. Machen Sie beim Dale Jarrett Racing Adventure eine Fahrt in einem NASCAR-Auto.

Besuchen Sie Siegfried & Roys Meeresumwelt Secret Garden und schwimmen Sie mit Delfinen. Bei Machine Guns Vegas können Sie eine unglaubliche Auswahl an automatischen Waffen abfeuern. Das ist nur die Spitze des Eisbergs, wenn es um die erstaunlichen Erlebnisse geht, die Las Vegas zu bieten hat und die selbst den hartgesottensten Touristen wachrütteln könnten.

7. Tolle Museen

Wussten Sie, dass Las Vegas nicht nur einige der angesehensten Museen der Welt beherbergt, sondern auch ein Zentrum für Bildung ist? Nun, das ist nicht der Fall, aber es gibt einige Museen, die sich sowohl der Unterhaltung als auch der Bildung widmen. Das Mob Museum würdigt die urigen Mafia-Bräuche der Stadt.

Das National Atomic Testing Museum befindet sich in Vegas und ist die Anlaufstelle für alles, was mit einer Atomkatastrophe zu tun hat. Die heruntergekommenen Überreste des protzigen Teils der Stadt sind in einem Friedhof des Neon Museums untergebracht, das scheinbar täglich erweitert wird.

8. Fremont Street und Glitter Gulch bieten günstige Quoten

Kluge Spieler, die nach Las Vegas reisen, platzieren ihre Wetten in den Casinos in der

Fremont Street, die manchmal auch „Glitter Gulch" genannt wird. Diese gehören zu den ältesten Casinos der Stadt, und da sie nicht am belebten Strip liegen, bedienen sie die Einheimischen, was sich in besseren Gewinnchancen, milderen Richtlinien und mehr Vergünstigungen für Kundenkarteninhaber wie kostenlose Mahlzeiten und Unterhaltung niederschlägt. Der Unterschied, ob Sie mit Ihren Bemühungen einen Gewinn erzielen, könnte durch diese kleinen Anpassungen bestimmt werden.

9. Es ist möglich, dass Ihr gesamter Urlaub abgeschrieben wird

Jedes Jahr finden in Las Vegas Hunderte von Fachausstellungen, Firmenveranstaltungen, Branchenkonferenzen und andere geschäftsbezogene Veranstaltungen statt. Die Stadt soll den Handel erleichtern und ihr Konferenzzentrum gehört zu den geschäftigsten des Landes. Wenn Sie Ihren Verlust von 1.200 $ beim Pai Gow Poker aus steuerlichen Gründen als Geschäftsausgabe geltend machen möchten, müssen Sie vielleicht kreativ sein, aber Sie sollten keine Probleme damit haben, Reise-, Unterbringungs-, Verpflegungs- und Unterhaltungskosten abzuziehen. Außerdem haben Sie gerade Geld verdient, wenn Sie an den Tischen gewinnen!

Die 10 bestbewerteten Touristenattraktionen in Las Vegas

Diese Wüstenstadt ist auf der ganzen Welt für ihre Spannung und ihren Spaß bekannt. Die berühmte, von Resorts gesäumte Straße von Las Vegas, bekannt als The Strip, ist ein schillerndes Lichtspiel, das opulente Orte auf der ganzen Welt nachbildet.

Zahlreiche Hotels bieten kostenlose Straßenunterhaltung, wie zum Beispiel ausbrechende Vulkane und tanzende Fontänen, was sie zu Attraktionen für sich macht. Es erwarten Sie faszinierende Museen, ein stets beeindruckendes Veranstaltungsprogramm und eine Fülle weiterer Aktivitäten.

Die Hügel und Berge rund um Las Vegas bieten eine Vielzahl von Freizeitmöglichkeiten, darunter Wandern, Camping, Bootfahren und Skifahren. Der Grand Canyon ist nur einen kurzen Helikopterflug entfernt.

Das ganze Jahr über ist Las Vegas ein fantastisches Reiseziel. In den Sommermonaten, in denen die Temperaturen auf über 104 Grad Fahrenheit steigen können, sind Hotelpools ein unverzichtbarer Bestandteil alltäglicher Aktivitäten. Auch die milderen Wintermonate eignen sich hervorragend für Touren.

Mit dieser Liste der besten Attraktionen in Las Vegas können Sie Ihre Reise organisieren und Ihre Zeit dort optimal nutzen.

1. Der Streifen

Die Aktivität konzentriert sich auf den 2,5 Meilen langen zentralen Las Vegas Boulevard, der manchmal auch als Strip bezeichnet wird und sich von Nordosten nach Südwesten durch die Stadt erstreckt. Das ist es, was sich die meisten Menschen vorstellen, wenn sie sich Las

Vegas vorstellen: ein Streifen voller riesiger Unterhaltungspaläste, von denen viele nach einem bestimmten Thema gebaut wurden, und der auch Veranstaltungsorte, opulente Hotelzimmer und exquisite Restaurants beherbergt.

Ein Spaziergang über den Strip und das Genießen der Sehenswürdigkeiten gehört zu den Dingen, die Besucher von Las Vegas unbedingt tun müssen. Besonders auffällig ist es nachts, wenn die Stadt in eine endlose Reihe schimmernder Neonreklamen getaucht ist. Dieser Ort ist ein nie endendes Erlebnis der Sinne.

Das Mandalay Bay Hotel und das Treasure Island Hotel befinden sich im Allgemeinen dort, wo der Las Vegas Strip beginnt und endet. Übernachten Sie am Strip, idealerweise in einem der größeren Resorts, um das gesamte Las Vegas-Erlebnis zu genießen. Sehen Sie sich unsere vorgestellten Hotels an, um eine Auswahl der besten Unterkunftsmöglichkeiten in verschiedenen Preisklassen zu finden.

2. Erleben Sie die Fremont Street

Die Fremont Street, eine Fußgängerzone in der historischen Innenstadt von Las Vegas, bietet eine Vielzahl interessanter Sehenswürdigkeiten. Ein Baldachin aus LED-Lichtern überspannt einen fünf Blocks langen Abschnitt der Fremont Street und beleuchtet den Himmel darüber in einem Kaleidoskop aus Farbtönen und Mustern, die sich ändern, wenn Sie sich unten bewegen.

Bekannt als die Fremont Street Experience, findet jeden Abend ein erstaunliches Licht- und Musikspektakel statt. In diesem Viertel sind Straßenaufführungen von Straßenkünstlern und besondere Unterhaltungsdarbietungen an der Tagesordnung. Nicht weit vom Strip entfernt liegt die Innenstadt von Las Vegas, in der sich die Fremont Street befindet.

Um in dieses Viertel zu gelangen, ist ein Taxi die beste Option. Alternativ können Sie einen Helikopter-Nachtflug über den Las Vegas Strip über die Stadt unternehmen, um ein echtes nächtliches Erlebnis der Stadt zu erhalten. Bitte beachten Sie, dass bei dieser Reise die Abholung vom Hotel nicht inbegriffen ist.

3. Helikopterflüge über den Grand Canyon und Las Vegas

Wer den Grand Canyon oder Las Vegas von oben sehen möchte, kann über einen Helikopterflug nachdenken. Zahlreiche Unternehmen in Las Vegas bieten Hubschrauberausflüge an, bei denen Gäste über die Stadt und den Strip oder sogar bis zum Grand Canyon fliegen.

Für diejenigen, die wenig Zeit haben, ist dies

eine fantastische Gelegenheit, nicht nur Vegas, sondern auch die Umgebung und eines der atemberaubendsten und bekanntesten Naturdenkmäler des Landes zu besuchen.

Erwägen Sie eine Luxus-Helikoptertour zum West Rim des Grand Canyon, wenn Sie einen ganzen Tag Zeit zum Erkunden haben. Während der dreistündigen Tour sehen Sie den Westrand des Grand Canyon, den Hoover Dam, den Lake Mead und den Strip.

4. Gondelfahrten und das Venetian Hotel

Gegenüber von Treasure Island am Strip in Las Vegas liegt das Venetian Hotel. Es gehört zu den besten Ferienorten der Stadt und bietet eine breite Palette attraktiver touristischer Aktivitäten. Im Inneren befindet sich eine thematisch gestaltete Einkaufspassage mit blauem Himmel, Kanälen und Gondolieri, die alle so gestaltet sind, dass sie die Stadt Venedig nachahmen. Neben vielen anderen Attraktionen bietet das Hotel auch Nachbildungen der wichtigsten Sehenswürdigkeiten Venedigs, darunter die Seufzerbrücke und die Rialtobrücke.

Vergnügliche Touren durch das Anwesen werden von der Venetian Gondola Rides angeboten. Vor dem Venetian Hotel, in der Nähe des Bürgersteigs, warten Boote auf Passagiere. Ein freundlicher Gondoliere nimmt Sie mit auf eine Reise, singt und führt Sie durch die Einkaufspassage des Hotels.

5. Der Eiffelturm und das Pariser Hotel

Einer der bekanntesten Ferienorte der Stadt ist Paris Las Vegas, das am Strip liegt. Am Ende der Straße befindet sich eine maßstabsgetreue Nachbildung des Pariser Opernhauses und davor eine Miniatur des Eiffelturms. Das Eiffel Tower Experience ist eine 46-stöckige

Aussichtsplattform mit atemberaubendem 360-Grad-Blick über die Straßen der Metropole.

Das elegante und romantische Eiffelturm-Restaurant befindet sich eine Etage darunter und bietet einen herrlichen Blick auf die tanzenden Fontänen des Bellagio und den Strip. Auf dem Gelände gibt es auch einen gefälschten Heißluftballon, der mit Neon- und Blinklichtern geschmückt ist.

6. Die Fountain Show und Bellagio Resort

Das Konservatorium und der Botanische Garten, die Bellagio Gallery of Fine Art, ein Spa und Salon sowie einige der besten Restaurants in Las Vegas sind nur einige der vielen Attraktionen im weitläufigen, opulenten Bellagio Resort in Las Vegas.

Außerhalb des Foyers gibt es einen Ausstellungsraum mit unterschiedlichen

Themen, von faszinierenden Kunstausstellungen bis hin zu Frühlingsblumenpräsentationen. Der Brunnen ist das bemerkenswerteste und bekannteste Merkmal.

Die tanzenden Springbrunnen auf dem Strip vor dem Bellagio bieten eine atemberaubende Wassershow, die von Musik begleitet wird. Der Blick auf den Ring ist für Gäste vom Bürgersteig aus möglich. Dies wird oft als die größte kostenlose Attraktion von Las Vegas bezeichnet.

7. Das Mirage Hotel: Der geheime Garten von Siegfried und Roy und der ausbrechende Vulkan

Bei einem Spaziergang über den Strip fällt es leicht, das Mirage Hotel zu sehen. Vor dem Resort befindet sich ein Vulkan, der häufig ausbricht. Zu den ungewöhnlichsten Anblicken, die man nachts vom Bürgersteig aus sehen kann, gehören die leuchtend roten Flammen und die

Explosionen, die aus dem Vulkan ausbrechen.

Siegfried & Roys Secret Garden und Dolphin Habitat befinden sich im Mirage. Sie können immer noch Zeuge einer Vielzahl exotischer Kreaturen werden, darunter weiße Löwen und Tiger, auch wenn Siegfried und Roy beide verstorben sind und nicht mehr an Aufführungen beteiligt sind. Die 2,5 Millionen Gallonen fassenden Becken des Dolphin Habitats beherbergen eine beträchtliche Anzahl dressierter Delfine.

8. Das High Roller Riesenrad auf dem Las Vegas Strip

Mit einer maximalen Höhe von 550 Fuß ist das High Roller Las Vegas Strip Observation Wheel das größte in Nordamerika. Für eine Drehung werden 30 Minuten benötigt. So haben Sie vor allem nachts genügend Zeit, die atemberaubende Aussicht über den Strip und die umliegende

Region zu genießen.

Jede Kabine verfügt über eine Klimaanlage und bietet Platz für bis zu 40 Personen. Wenn Sie nicht sicher sind, wo sich das Ende der Linq Lane befindet, blicken Sie einfach nach oben, um den Standort des High Rollers zu sehen!

9. New York-New York Hotel

Das MGM Grand Hotel und das Excalibur Resort Hotel liegen gegenüber dem New York-New York Hotel in Las Vegas. Das Hotel ist wunderschön gebaut und ähnelt der Skyline von New York mit der Freiheitsstatue und der Brooklyn Bridge. Der Big Apple Coaster ist eine riesige Achterbahn, die durch das Hotel hinein und wieder heraus fährt.

Wenn Sie während Ihres Hotelbesuchs Appetit bekommen, können Sie in sieben verschiedenen Restaurants alles von Sushi bis Steaks genießen.

10. Das Kolosseum und der Caesarpalast

Caesar's Palace, das vielleicht bekannteste Luxusresort in Las Vegas, befindet sich immer noch im Wandel. Im Moment ist Caesars Palace eine riesige Anlage im Zentrum des Strips, die jede Art von Unterhaltung bietet, die nur möglich ist.

Das Hotel hat eine starke Verbindung zu Aufführungen, die im „The Colosseum", einem riesigen Musiksaal, stattfinden. Prominente Künstler wie Céline Dion und Elton John spielen hier über längere Zeiträume und die Karten sind manchmal schon lange im Voraus ausverkauft. Reisende, die die Show besuchen möchten und hoffen, hier eine Show zu sehen, sollten sich so schnell wie möglich über die Termine und die Ticketverfügbarkeit informieren.

Reisekosten für Las Vegas

Preise für Hostels - Derzeit gibt es in Vegas nicht viele Hostels. In den geschäftigsten Monaten kostet ein Bett in einem Schlafsaal mit vier bis sechs Betten 48 $. Ein Zimmer mit acht oder mehr Betten sollte etwa 40 $ kosten. Ein Bett in einem Zimmer mit acht oder mehr Betten kostet in der Nebensaison etwa 30 $ pro Nacht. Beide Herbergen bieten kostenloses WLAN und Küchen, in denen Sie Ihre Mahlzeiten zubereiten können. Privatzimmer sind ebenfalls nicht verfügbar.

Preise für Budget-Hotels – Mehrere erschwingliche Hotelalternativen in Vegas liegen in der Nähe des Strips oder der Innenstadt. In der Hochsaison beginnen günstige Zwei-Sterne-Hotels bei 90 $, während die Preise in der Nebensaison bei 65 $ beginnen.

Obwohl es in Vegas zahlreiche

Airbnb-Alternativen gibt, liegen nicht viele davon in der Nähe des Strips. Darüber hinaus müssen Sie nicht über Airbnb nachdenken, da es so viele gehobene Hotels mit erschwinglichen Preisen gibt. Während ganze Häuser und Wohnungen bei 95 $ pro Nacht beginnen, kosten einzelne Zimmer etwa 70 $. Wenn Sie nicht im Voraus reservieren, müssen Sie mit einer doppelten, wenn nicht sogar dreifachen Zahlung rechnen.

Essen - In Vegas gibt es alles, einschließlich Fast Food, Luxusgerichte, Hausmannskost und ausländische Küche. Alles ist an einem Ort.

Wenn Sie ein knappes Budget haben, finden Sie in Las Vegas möglicherweise preiswertes Essen in Hotels und Casinos, wo die Buffets zwischen 25 und 35 US-Dollar kosten. Auch wenn es nicht gerade günstig ist, kann man hier viel essen und später wahrscheinlich eine Mahlzeit verpassen.

Günstiges Fastfood gibt es in vielen Kettenrestaurants, darunter Chipotle, McDonald's und Subway, in der Nähe von Ballys im Herzen des Strip. Pizzastücke kosten etwa 4 US-Dollar, während Burger 10 US-Dollar kosten. Für 9–12 USD ist eine Kombinationsmahlzeit aus Reis, Frühlingsrolle und Vorspeise zum chinesischen Mitnehmen erhältlich.

In Vegas gibt es eine große Auswahl an mittelklassigen Restaurants, insbesondere in der Innenstadt und an der Fremont Street. Fleisch- und Nudelgerichte sind in der Hauptgerichtspreisspanne von 15 bis 20 USD enthalten, wenn Sie auswärts essen.

Ein Bier kostet normalerweise zwischen 7 und 9 US-Dollar, aber wenn Sie noch mehr Geld sparen möchten, können Sie auf der Straße trinken und in einem Tante-Emma-Laden ein Bier für weniger als 5 US-Dollar kaufen. Ein

Glas Wein kostet (mindestens) 10–12 US-Dollar. Bars verlangen 11 bis 15 US-Dollar.

Für einen Latte Macchiato oder Cappuccino werden etwa 5 US-Dollar ausgegeben, für Mineralwasser 1,50 US-Dollar.

In Las Vegas gibt es einige der besten Gourmetrestaurants der Welt, Sie sollten sich also mindestens ein köstliches Abendessen gönnen. In dieser Metropole ist ein Drei-Gänge-Menü zum Festpreis für 60–300 USD (oder mehr) erhältlich! Allerdings gibt es auch wirklich leckere Zwei-Gänge-Menüs für etwa 55 $.

Wenn Sie Ihre Mahlzeiten zubereiten, sollten die wöchentlichen Lebensmittelkosten für Nudeln, Reis, Gemüse und etwas Fleisch zwischen 50 und 65 US-Dollar betragen.

Lotus of Siam und Esther's Kitchen sind zwei

meiner Lieblingsrestaurants in dieser Gegend.

Empfohlene Budgets für Las Vegas Backpacking

Wenn Sie mit dem Rucksack durch Vegas reisen möchten, sollten Sie ein Budget von etwa 75 $ pro Tag einplanen. Mit diesem Budget können Sie in einem Wohnheim übernachten, mit öffentlichen Verkehrsmitteln reisen, Ihr Essen zubereiten, den Alkoholkonsum reduzieren und an kostenlosen Aktivitäten wie der Erkundung von Fremont und dem Beobachten von Springbrunnen teilnehmen. Wenn Sie trinken möchten, erhöhen Sie Ihre täglichen Ausgaben um mindestens 10–20 USD.

Mit einem Tagesbudget von 180 US-Dollar können Sie sich ein paar Biere, ein wenig Glücksspiel, die Unterbringung in einem günstigen Hotel oder einem privaten Airbnb, die meiste Zeit Essen in preiswerten Restaurants, manchmal den Besuch von Buffets, Reisen zu Konzerten und anderen kostenpflichtigen

Sehenswürdigkeiten wie dem Hoover-Staudamm leisten .

Sie können in einem Hotel am Strip übernachten, in mittelgroßen Restaurants speisen, mehr trinken, mehr Shows sehen und für ein „Luxus"-Budget von 390 $ oder mehr pro Tag ein Fahrzeug mieten, um den Grand Canyon zu besichtigen. Aber das ist nur das untere Ende des Luxus. Die Möglichkeiten sind endlos!

Tipps zum Geldsparen in Las Vegas

Wenn Sie mit Ihren Ausgaben sparsam sind, können Sie mit wenig Geld nach Las Vegas reisen. Wenn Sie jedoch nicht vorsichtig sind, können Sie hier möglicherweise sehr schnell viel Geld ausgeben (zwei Cocktails an der Bar kosten möglicherweise 40 USD!). Hier sind ein paar Ideen für preisbewusstes Reisen in Las Vegas:

Ignoriere das Wochenende - Freitag und Samstag sind die geschäftigsten Reisetage in Las Vegas, da die meisten Besucher über das Wochenende bleiben. Wenn Sie die Stadt unter der Woche besuchen, können Sie möglicherweise viel niedrigere Hotel- und Verpflegungskosten zahlen.

Sicher gehen - Da es sich hier um Las Vegas handelt, sollten Sie das Risiko eingehen und mit ein paar Dollar im Casino vorbeischauen. Versuchen Sie einfach, nicht zu verrückt zu werden. Spielen Sie nur mit Geld, dessen Verlust Sie sich leisten können, denn das Haus ist immer der Gewinner.

Erhalten Sie Comps - Wenn Sie spielen, zahlen Ihnen Casinos häufig einen Teil Ihrer Verluste durch günstige Eintrittskarten für Shows, Abendessen und Hotelübernachtungen zurück. Vergessen Sie nicht, sich nach ihnen zu erkundigen!

Verwenden Sie Gutscheine - In Las Vegas sind Gutscheine fast wie Bargeld. Wenn Sie eine (kostenlose) Spielerkarte beantragen, erhalten Sie von den Casinos ein Heft mit Gutscheinen, und in Strip-Restaurants erhalten Sie möglicherweise 2-für-1-Angebote.

Vermeiden Sie die Verwendung von Kreditkarten zum Bezahlen von Taxis - Viele Taxis berechnen 3 $ für Kreditkartenzahlungen. Vermeiden Sie die Gebühr, indem Sie eine

Barzahlung leisten.

Essen Sie am Buffet - Halten Sie sich von All-you-can-eat-Buffets fern, wenn Sie sich satt essen möchten. Sie können es aufstocken, die Mahlzeiten kosten zwischen 20 und 30 US-Dollar.

Essen Sie günstiger in Fünf-Sterne-Restaurants - Die Fünf-Sterne-Restaurants am Strip bieten von 20:00 bis 22:00 Uhr erstklassige Sitzplätze, aber da diese beliebten Veranstaltungsorte voll sein wollen, bieten die meisten zwischen 16:00 und 19:00 Uhr Happy Hour und Pre-Show-Mahlzeiten an, um den Abend zu beginnen.

Besuchen Sie die Late Night Happy Hour - Die meisten Restaurants in Vegas schließen ihre Türen um 22:30 Uhr, aber da so viele Shows um diese Zeit enden, hat der Strip die Tradition entwickelt, nach 22:00 Uhr ein Show-Event zu veranstalten. (oder 23:00 Uhr, je nach Einrichtung) „Late-Night-Happy-Hour", bei der die Gäste Speisen und Getränke für 5 US-Dollar genießen können.

Brunchen Sie - Eine Hauptstütze von Sin City ist ein betrunkenes Frühstück. Am Wochenende gehört zu den schönsten Angeboten unbegrenztes Essen und Trinken. (Ich bitte darum, dass meine Mimosen ohne Boden serviert werden und dass sie „den Saft enthalten".)

Bevor Sie in den Club gehen, trinken Sie etwas auf der Casino-Etage, um zu vermeiden, dass Sie in den Clubs zu viel für Getränke bezahlen. Getränke sind bei der Teilnahme an einem Spiel kostenlos. Spielen Sie langsam, wenn Sie an einem Penny-Spielautomaten sitzen, und nippen Sie schnell daran. Im Club gibt es zehn Getränke zum Preis von einem! Denken Sie daran, der

Kellnerin ein Trinkgeld zu geben.

Erhalten Sie vergünstigte Konzertkarten — An der Nähe zum Strip genieße ich es am meisten, so viele Aufführungen zu sehen. Showcase Mall, Casino Royale und Bally's Grand Bazaar sind dort Tix4Vegas hat Stände. Tickets für die Abendveranstaltungen sind dort mit 50 % Ermäßigung erhältlich. Sie sind auch online verfügbar.

Kaufen Sie den Go Las Vegas Pass - Um viele Dinge zu besichtigen, zu denen auch der Transport mit The Deuce und eine kostenlose Hop-off-Hop-on-Tour gehören, müssen Sie sich den Go Las Vegas Pass besorgen. Der Eintritt für drei Tage kostet 199 US-Dollar, ein Fünf-Tages-Pass kostet 271 US-Dollar und ein Zwei-Tages-Pass kostet 119 US-Dollar. Dieses Ticket beinhaltet viele Vorteile, wie eine kostenlose Hoover-Staudamm-Tour, kostenlosen Eintritt zu Marvel Avengers S.T.A.T.I.O.N. und kostenlosen Eintritt zum Eiffelturm-Erlebnis.

Geben Sie weniger für Mitfahrgelegenheiten aus - Wenn Sie nicht mit dem Bus fahren oder ein Taxi bezahlen möchten, sind Uber und Lyft die besten Möglichkeiten, sich in der Stadt fortzubewegen. Dies gilt insbesondere, wenn Sie zum oder vom Flughafen reisen. Sie sind auch günstiger als Taxis.

Verbringen Sie Zeit auf der Fremont Street, da Getränke auf dem Strip teuer sein können. Trinken Sie auf Fremont, um Geld zu sparen. Es gibt deutlich günstigere Getränke!

Bringen Sie eine wiederverwendbare Wasserflasche mit - Vegas wird heiß (schließlich weil man in der Wüste ist). Denken Sie daher daran, eine wiederverwendbare Wasserflasche mitzunehmen, um ausreichend Flüssigkeit zu sich zu nehmen. Obwohl Leitungswasser sicher ist, können Sie sicherstellen, dass Ihr Wasser immer rein ist, indem Sie einen Filter wie LifeStraw verwenden.

Beste Reisezeit für Las Vegas

Das ganze Jahr über, besonders aber im Winter, wenn Reisende aus ganz Nordamerika nach Nevada strömen, um das glühend heiße Wüstenklima zu genießen, ist Vegas ein geschäftiger Ort. Die durchschnittliche Höchsttemperatur im Frühling und Herbst beträgt 20–28 °C, was recht angenehm ist. Hitzewellen im Sommer können bis zu 40 °C erreichen.

Die Woche zwischen Weihnachten und Neujahr sowie Ende Januar, wenn alle Konferenzen in der Stadt stattfinden, sind in Las Vegas sehr geschäftige Zeiten. Wenn im März die College-Basketball-Saison und die Frühlingsferien beginnen, kann es in Vegas zu einem absoluten Chaos kommen. Vermeiden Sie also einen Besuch in dieser Zeit, wenn Sie günstigere Preise und weniger Leute wünschen!

Touristenvisum für Las Vegas

Las Vegas gilt als ultimatives Partyziel und ist eine der meistbesuchten Städte der Welt. Die 24-Stunden-Casinos sind ein großer Anziehungspunkt für diejenigen, die in Vegas gerne Poker oder Roulette spielen.

Las Vegas ist mit seinen blinkenden Lichtern und Hotels, die wie kleine Städte wirken, überhaupt nicht subtil. Aufgrund des vielfältigen Unterhaltungsangebots wird Las Vegas oft als Sin City bezeichnet. Aber wenn Sie in Vegas sind, gibt es mehr zu tun, als nur zu versuchen, große Gewinne zu erzielen.

Der Las Vegas Strip ist der ideale Ort, um Cirque du Soleil oder Weltklasse-Künstler wie Céline Dion, Elton John und Mariah Carey zu sehen, wenn Sie Live-Auftritte und Shows mögen. Der Grand Canyon ist ein weiteres bekanntes Reiseziel in der Region und es wird dringend empfohlen, einen Helikopterflug innerhalb des Canyons zu unternehmen.

Ist für die Einreise nach Las Vegas ein Visum erforderlich?

Wenn Sie von außerhalb der USA nach Vegas reisen möchten, sollten Sie sich über die spezifischen Visumsanforderungen Ihres Landes und Ihrer Staatsbürgerschaft informieren. Ein ESTA, das für geschäftliche und touristische Reisen in die USA bestimmt ist, kann für den Erhalt eines Visums für Las Vegas verwendet werden, wenn Sie Staatsbürger einer der Nationen sind, die am Visa Waiver Program teilnehmen.

Welche Informationen über das ESTA VWP müssen Sie wissen?

Das ESTA-Programm des VWP wurde ins Leben gerufen, um Menschen aus teilnehmenden Ländern die visumfreie Einreise in die USA zu ermöglichen. Wenn Sie Nevada aus Freizeit-, Geschäfts- oder medizinischen Gründen für weniger als 90 Tage besuchen, müssen Sie eine ESTA-Befreiung beantragen.

Die ESTA-Befreiung ist ab dem Tag ihrer Gewährung zwei Jahre lang gültig oder, falls früher, bis zum Ablauf Ihres Reisepasses.

Vom VWP ausgeschlossene Länder

Sollten Sie Staatsangehöriger eines Landes sein, das nicht am Visa Waiver Program teilnimmt, müssen Sie je nach Grund Ihrer Reise ein entsprechendes Visum beantragen. Wenn ein Kanadier direkt von Kanada in die USA einreisen möchte, benötigt er ein TN-Visum. Um in Las Vegas zu arbeiten, ist für jeden, der dort arbeiten möchte, ein Arbeitsvisum erforderlich.

ESTA-Anforderungen für Las Vegas

Sie können nicht ohne Visum in die USA

einreisen, egal, ob Sie geschäftlich oder privat unterwegs sind; Stattdessen müssen Sie eine vollständige ESTA-Genehmigung einholen. Damit Sie mit der ESTA-Befreiung in die USA einreisen können, muss Ihr Hin- und Rückflug per Flugzeug oder Schiff genehmigt werden.

Wenn Sie eine ESTA-Genehmigung erhalten möchten, sollten Sie keine vorherigen Zulassungsverweigerungen erhalten haben. Wenn Sie zuvor ein US-Visum beantragt und abgelehnt haben, sind Sie nicht berechtigt. Sie benötigen außerdem einen elektronischen Reisepass.

Beantragung eines ESTA für Las Vegas

Die Beantragung einer ESTA-Genehmigung in Las Vegas dauert nur 10 Minuten und ist einfach. Stellen Sie sicher, dass Ihr Reisepass noch mindestens sechs Monate gültig ist und sammeln Sie die notwendigen Informationen. Um die

ESTA-Antragsgebühr bezahlen zu können, müssen Sie außerdem über eine Debit- oder Kreditkarte und ein funktionierendes E-Mail-Konto verfügen.

Das Online-Formular besteht aus einer Reihe von Anfragen zu Ihrem Namen, Wohnort, Geburtsdatum, Ihrer Krankengeschichte und früheren strafrechtlichen Verurteilungen. Ob Sie mit einem ESTA in die USA einreisen dürfen, hängt davon ab, wie Sie diese Fragen beantworten.

Sie müssen sich die Zeit nehmen, die von Ihnen im ESTA-Formular gemachten Angaben zu prüfen, da bereits der kleinste Fehler zur Ablehnung Ihres Antrags führen kann. Möglicherweise ist eine erneute Beantragung eines ESTA erforderlich, was zu Verzögerungen bei der Bearbeitung führen und Ihre Reiseplanung beeinträchtigen könnte. In einer der Fragen werden Fakten zu Ihrer Reise abgefragt. Sie können solche Fakten jedoch zu einem späteren Zeitpunkt hinzufügen, wenn Sie nicht über sie verfügen.

Ein Visum für die Einreise nach Las Vegas aus Australien und Großbritannien

Britischen und australischen Reisepassinhabern ist im Rahmen des Visa Waiver Program (VWP) die Einreise in die Vereinigten Staaten für maximal neunzig Tage gestattet. Für die Dauer der Reise, die Sie unternehmen möchten, muss Ihr Reisepass gültig sein.

Wenn Sie auf dem Luft- oder Seeweg anreisen, müssen Sie das Formular „Electronic System for Travel Authorization" (ESTA) mindestens 72 Stunden vor Abflug online ausfüllen.

Brauchen Kinder ein ESTA?

Alle Besucher, einschließlich Kleinkinder und Kinder, müssen über ein eigenes ESTA verfügen, um nach Las Vegas einzureisen. Jedem ESTA wird eine ID-Nummer zugewiesen.

Wie lange dauert es, ein Visum für Las Vegas zu erhalten?

Das Antragsverfahren für ein ESTA ist oft äußerst kurz und Sie erhalten innerhalb weniger Tage, wenn nicht sogar früher, eine Antwort von der Regierung. Allerdings könnte es länger dauern, wenn es Probleme mit der Beantragung gibt und Sie ein Visum erneut beantragen bzw. beantragen müssen.

Das Antragsverfahren für ein Visum für Las Vegas ist länger als für ein ESTA, beispielsweise wenn Sie ein US-Touristenvisum beantragen. Um Ihr Visum zu vervollständigen, müssen Sie zu einem Vorstellungsgespräch bei Ihrer US-Botschaft gehen; Allerdings kann es aufgrund der Wartezeiten auf einen Termin zu Verzögerungen bei Ihrer Bewerbung kommen.

Es ist eine kluge Idee, Ihr Visum rechtzeitig vor Ihrer geplanten Reise nach Las Vegas oder einem anderen US-Reiseziel zu beantragen.

Für welche Dauer ist ein ESTA gültig?

Wenn Ihr Reisepass zum Zeitpunkt der Antragstellung noch gültig ist, ist Ihr ESTA ab dem Ausstellungsdatum zwei Jahre lang gültig. Da das ESTA elektronisch mit Ihrem Reisepass verknüpft ist, verliert es seine Gültigkeit, wenn Ihr Reisepass vor Ablauf der Zweijahresfrist abläuft. Wenn Sie Ihren Reisepass erneuern, müssen Sie ein neues ESTA beantragen.

Sie können in diesen zwei Jahren mehrfach mit einem ESTA in die USA und nach Las Vegas reisen, sofern Ihr Reisepass noch gültig ist.

Wie lange ist mein ESTA für meinen Aufenthalt in den USA und Vegas gültig?

Mit einem ESTA ist Ihr Aufenthalt in den USA

auf 90 Tage beschränkt und Sie können nicht länger als diese Zeit in einer einzelnen Reise bleiben. Wenn Sie die vorgesehene Zeit überschreiten, kann dies Auswirkungen auf Ihre zukünftigen ESTA-Anträge haben und Sie möglicherweise daran hindern, in die Vereinigten Staaten zurückzukehren.

Ihr ESTA wird nur für die Einreise in die USA benötigt; Es ist nicht erforderlich, das Land zu verlassen. Wenn es also abläuft, während Sie sich noch im Land aufhalten, stellt dies kein Problem dar, es sei denn, Sie bleiben länger als die vorgesehenen 90 Tage.

Transportmöglichkeiten in Las Vegas

Öffentliche Verkehrsmittel – Obwohl der Großteil des Strips durch Gehwege und Tunnel verbunden ist, ist die Einschienenbahn ein nützliches Transportmittel, wenn es draußen zu heiß ist. Auf dem Vegas Strip verfügt die Einschienenbahn über sieben Stationen, darunter mehrere bedeutende Hotels. Eine Tageskarte kostet 13 US-Dollar, während eine einfache Fahrt 5 US-Dollar kostet.

„Deuce" ist der Name des Bussystems in Vegas. Der Deuce on the Strip und der SDX sind die beiden Hauptrouten und eine der besten Möglichkeiten, zwischen der Innenstadt und dem Strip zu gelangen. Die Kosten für ein Busticket betragen 6 US-Dollar für zwei Stunden und 8 US-Dollar für 24 Stunden. Für 20 US-Dollar erhalten Sie dreitägigen Zugang. Tickets sind an Fahrkartenautomaten, in RideRTC-, Uber- und Lyft-Anwendungen sowie in Bussen erhältlich.

Darüber hinaus bietet die Stadt einen kostenlosen Shuttleservice an, der zahlreiche wichtige Stadtteile und Sehenswürdigkeiten anfährt. Betrieb von Montag bis Donnerstag von 11 bis 18 Uhr. und von 15 bis 22 Uhr. freitags und samstags.

Taxen - Der Startpreis für ein Taxi beträgt 3,50 $ und jede weitere Meile kostet 2,76 $. Wenn Sie nicht mit Bargeld bezahlen, erheben viele Taxis außerdem eine Bearbeitungsgebühr von etwa 3 US-Dollar. Wenn Sie vom Flughafen aus ein Taxi nehmen, fällt außerdem eine Gebühr von 2 US-Dollar an. Der Flughafen erhebt für jede Zone feste Tarife, die zwischen 19 und 27 US-Dollar liegen und von dort aus steigen. Vermeiden Sie möglichst die Nutzung von Taxis, da der Verkehr in dieser Gegend recht lästig sein kann.

Mitfahrgelegenheit - Dies ist die ideale Option, um sich in der Stadt fortzubewegen, wenn Sie nicht den Bus benutzen oder ein Taxi bezahlen möchten. Taxis sind teurer als Uber und Lyft. Sie summieren sich jedoch, also versuchen Sie, sie zu vermeiden.

Autovermietung - Bei einer mehrtägigen Anmietung kann ein Auto für nur 35 $ pro Tag gemietet werden. Um ein Fahrzeug zu mieten, müssen Sie mindestens 21 Jahre alt sein. Nutzen Sie Discover Cars, um die besten Angebote für Mietwagen zu erhalten.

So sind Sie in Las Vegas sicher

Es ist sicher, nach Las Vegas zu reisen, insbesondere wenn Sie eine alleinstehende weibliche Touristin sind. Auch wenn gewalttätige Übergriffe selten vorkommen, sollten Sie in dieser Großstadt überall Vorsicht walten lassen. In Vegas kommt es gelegentlich zu Bandengewalt, aber wenn Sie sich auf der Fremont Street und am Strip aufhalten, werden Sie wahrscheinlich nicht darauf stoßen.

Vermeiden Sie generell nächtliche Spaziergänge in schwach beleuchteten Bereichen und bewahren Sie Ihre Wertsachen stets sicher auf. Behalten Sie Ihr Portemonnaie im Auge, wenn Sie mit öffentlichen Verkehrsmitteln unterwegs sind oder sich in großen Menschenmengen auf der Fremont Street befinden.

Seien Sie vorsichtig, wenn Sie bei Straßenverkäufern einkaufen. Dies gilt insbesondere für Veranstaltungstickets, da diese häufig gefälscht sind.

Obwohl die üblichen Sicherheitsvorkehrungen gelten (lassen Sie Ihr Getränk niemals alleine an der Bar stehen, gehen Sie niemals allein betrunken nach Hause usw.), sollten sich weibliche Alleinreisende hier normalerweise wohl fühlen.

Denken Sie beim Wandern immer daran, Wasser und Sonnencreme einzupacken, insbesondere im Sommer. Lassen Sie keine Wertsachen über Nacht in einem Mietwagen zurück. Auch wenn Einbrüche selten sind, ist Vorsicht besser als Nachsicht.

Im Notfall rufen Sie 911 an, um Hilfe zu erhalten.

Zweifle niemals an deinen Instinkten. Machen Sie Kopien von allen Ihren Papieren, wie z. B.

Ihrem Personalausweis und Reisepass. Geben Sie Ihren Lieben eine Kopie Ihrer Reiseroute, damit sie Ihren Aufenthaltsort verfolgen können.

Der Abschluss einer hochwertigen Reiseversicherung ist der wichtigste Rat, den ich geben kann. Mit einer Reiseversicherung sind Sie gegen Krankheit, Verletzung, Diebstahl und Stornierungen abgesichert. Es bietet umfassenden Schutz, falls etwas schief gehen sollte.

Vorgeschlagene Reiserouten für Las Vegas

Du gehst nach Las Vegas? Sie glauben beim Pokern oder Blackjack so sehr an sich selbst, dass Sie jetzt nicht in der Lage sind, Ihre Unterkunft zu bezahlen?

Ehrlich gesagt ist es ein schlechter Schachzug. Alles klar, ich führe Sie durch die größten und auffälligsten Attraktionen in Las Vegas, einschließlich der EPIC-Skyline von Las Vegas und des Bellagio-Brunnens, und gebe Ihnen jede Menge Insiderwissen und Empfehlungen für Orte, die man gesehen haben muss.

Vorschlag für eine 3-tägige Reiseroute

Diese dreitägige Reiseroute ist vom ersten Tag an voller Action! Es gibt viel zu entdecken, und angesichts der hohen Kosten in Las Vegas gehe ich davon aus, dass Sie nicht alles auf meiner

Liste sehen können. Nehmen Sie die Knochen und setzen Sie mein gesammeltes Wissen ein, um Ihrem Urlaub den zusätzlichen „X-Faktor" zu verleihen! In Vegas sollte es einfach sein.

In Las Vegas gibt es viel zu unternehmen und die Zeit drängt absolut! Für den unglücklichen Fall, dass Ihre Reise länger als erwartet ausfällt, habe ich meiner Liste einige verführerische Extras hinzugefügt.

Tag 1

An Tag 1 dreht sich alles um den Strip. Es gibt bestimmte Dinge, die Sie wirklich tun müssen, und das Ankreuzen dieser Kästchen steht am ersten Tag Ihrer Las Vegas-Reiseroute im Mittelpunkt.

Sehen Sie sich das „Magnificent Las Vegas"-Schild an

Hier beginnt jeder gehobene Vegas-Urlaub.

Auch wenn es touristisch ist, sollte man trotzdem viele Fotos machen!

Es ist nicht nur ein Muss bei einem Besuch in Las Vegas, es liegt auch gut am Strip und bietet Ihnen einen hervorragenden Ausgangspunkt, um die Sehenswürdigkeiten der Stadt zu erkunden. Es könnte sinnvoll sein, sich die Zeit zu nehmen, in der Nähe des Schildes für ein fantastisches Frühstück anzuhalten.

Wenn Sie morgens Lust auf etwas Heißes haben, sind The Egg Shop, Della's Kitchen und BBQ Mexicana ein paar ausgezeichnete Orte, an denen Sie sich verwöhnen lassen können! Dies ist Ihre Chance, die Pinball Hall of Fame von Ihrer Liste zu streichen, wenn Sie eine Attraktion vorzeitig beenden möchten! Es ist eine fantastische kleine Attraktion, die Sie sich ansehen sollten, bevor Sie mit den älteren Jungs spielen.

Kosten - Freier Eintritt

Wie viel Zeit sollte ich hier verbringen? Ungefähr sechzig Minuten (einschließlich Frühstück). Die Beschilderung allein bedeutet noch nichts!

Dahin kommen - Direkt vor der Tür befindet sich eine Bushaltestelle mit dem Namen „Las Vegas Sign", Sie können aber auch ein Taxi nehmen oder dorthin fahren.

Strand und Mandalay Bay Casino

Ihre erste Gelegenheit, aus erster Hand mit einem Casino in Las Vegas in Kontakt zu treten, ist unser zweites Ziel des Tages. Alle Ihre Lieblingstischspiele wie Roulette, Blackjack, Poker und Craps sind im Mandalay Bay Casino verfügbar. Zusätzlich stehen 1.200 Spielautomaten und Videopokerautomaten zur Verfügung! Ich werde es dir nicht sagen, wenn du ein bisschen flattern willst.

Besuchen Sie den 11 Hektar großen Wasserspielplatz Mandalay Bay Beach, wenn Sie mit Kindern reisen! Genießen Sie die Sonne, schwimmen und planschen Sie in dieser beliebten Attraktion in Las Vegas. Machen Sie ein Nickerchen in der Lagune, reiten Sie im Wellenbad oder entspannen Sie sich am Strömungskanal.

Für alle Ihre Lieblingsspeisen und -getränke am Pool besuchen Sie die Beach Bar & Grill und die Bikini Bar! Schauen Sie sich diese Attraktion unbedingt an, wenn Sie Las Vegas in den wärmeren Monaten besuchen, da sie saisonal geöffnet ist!

In Mandalay Bay gibt es eine neue Ausstellung namens Polar Journey. Sehen Sie die Lebewesen, die in den Polargebieten der Welt leben. Acht interaktive Ausstellungen werden Sie fesseln, darunter anregende Eisströmungen, Touch-Wände und Roboterpinguine, die etwas beibringen können! Ein toller Ausflug auf dem Programm von Las Vegas für Kinder jeden Alters!

Kosten - Der Eintritt ist frei, Nicht-Hotelbesucher müssen jedoch 20 US-Dollar für den Zugang zum Strand bezahlen. Wie viel Zeit sollte ich hier verbringen? Es ist einfach, den ganzen Tag hier zu bleiben! Dennoch sind zwei Stunden eine ganze Menge Zeit.

Dahin kommen - Die Entfernung zum Las Vegas Sign beträgt 15 Minuten zu Fuß. Keine Angst, es gibt unterwegs genug zu sehen, sodass keine Langeweile aufkommt!

Leo der Löwe und die Freiheitsstatue der Republik

Während wir unsere Reise entlang des Strips fortsetzen, kommen wir an Leo dem Löwen und der Freiheitsstatue der Republika vorbei, während wir uns sanft nach Norden schlängeln. Auch Paris Las Vegas liegt in dieser Gegend.

Auf jeden Fall müssen Sie durch diesen überfüllten Bereich des Las Vegas Strip schlendern. Ihre Neugier, wann Alice im Wunderland zu einer Unternehmensorganisation wurde, wird Sie verblüffen. Bei allem versucht jedes Casino, sich von den anderen zu unterscheiden.

Jetzt ist die perfekte Zeit, innezuhalten und ein kleines Mittagessen zu sich zu nehmen! Es gibt eine erstaunliche Auswahl an ausgezeichneten Lokalen, und es sollte auch nicht allzu schwierig sein, etwas Einfaches zum günstigen Preis zu finden. Probieren Sie die Chicken Fingers bei Raising Cane's, das traditionelle chinesische Fastfood-Restaurant Panda Express und die New York Pizzeria. Der beste Snack aller Zeiten.

Kosten - Freier Eintritt

Wie viel Zeit sollte ich hier verbringen? Es ist Mittagszeit! Sie sollten in etwa 1,5 Stunden in der Lage sein, etwas zu essen zu bekommen.

Dahin kommen - Verbringen Sie weitere fünfzehn Minuten mit einem Spaziergang in der sengenden Wüste. Es tut mir leid, aber ich versichere Ihnen, es wird sich lohnen! Ja, das Bellagio wird erreicht.

Bellagio Konservatorium und Botanischer Garten

Eine der faszinierendsten und atemberaubendsten Attraktionen von Vegas ist das Bellagio Conservatory and Botanical Garden. Talentierte Gärtner und Designer haben die Ausstellungen mit exquisiten Details zusammengestellt und einen blumigen Spielplatz in die Sehenswürdigkeiten und Farben der verschiedenen Jahreszeiten verwandelt. Der Duft ist sanft süß und erinnert an blühende Blumen.

Lassen Sie Ihrer Fantasie freien Lauf bei der akribischen Liebe zum Detail und der leidenschaftlichen Darstellung der Natur! Machen Sie einen gemütlichen Spaziergang durch eines der malerischsten Viertel von Las Vegas.

Die ideale Zeit, um diesen Anblick zu bewundern, ist tagsüber, wenn die Sonne durch die großen Fenster und das Glasdach scheint. Später am Abend ist es jedoch im Allgemeinen weniger überfüllt. Wählen Sie das Zeitfenster, das am besten zu Ihrem Las Vegas-Reiseplan passt!

Kosten - Freier Eintritt
Wie viel Zeit sollte ich hier verbringen? Ungefähr sechzig Minuten lang. Auch hier ist es leicht, im Bellagio die Orientierung zu verlieren und festzusitzen. Vermeide es!
Dahin kommen - Auch hier dauert es 20 Minuten, um den Strip hinaufzulaufen! Wir

werden uns durchsetzen.

Bellagio-Brunnen

Man könnte meinen, dass Showgirls die einzigen Darsteller mit vorgegebenen Kursen in Las Vegas sind, aber das Wasser kann auch eine beeindruckende Show abliefern! Bellagios Brunnen bieten ein lebendiges und energiegeladenes Wasserspiel!

Die vom Brunnen projizierten Wasserstrahlen tanzen zu Musik und Lichtern und zeigen eine sehr spannende Choreografie und Gesamtkoordination! Passend zu dieser Show werden bekannte und wiedererkennbare Musikstücke ausgewählt. Die Unterhaltung wird noch angenehmer, wenn die Sonne untergeht und die Lichter angehen!

Überraschenderweise sind die Springbrunnen groß genug, um von verschiedenen Orten auf dem Strip aus Unterhaltung zu bieten. Natürlich gibt es nichts Besseres, als direkt vor den Brunnen zu stehen! Um eine gute Aussichtsposition zu erhalten, sollten Sie etwas früher ankommen. Die Brunnen sind von vielen Hotels aus zu sehen, die dem Bellagio Hotel gegenüber liegen. Jeder Plan für Vegas muss einen Besuch dieser kostenlosen und günstig gelegenen Attraktion beinhalten!

Den ganzen Tag über finden in regelmäßigen Abständen Aufführungen statt. Das Programm läuft montags bis freitags von 15:00 bis 20:00 Uhr alle dreißig Minuten und nach Einbruch der Dunkelheit alle fünfzehn Minuten. Während die Startzeit samstags und sonntags früh ist, beginnen die Programme den ganzen Tag über alle dreißig Minuten und nach Einbruch der Dunkelheit alle fünfzehn Minuten.

Kosten - Freier Eintritt
Wie viel Zeit sollte ich hier verbringen?

Ungefähr fünf bis zehn Minuten. Wenn Sie möchten, können Sie für viele Vorstellungen bleiben!

Dahin kommen - Gehen Sie ins Freie und finden Sie einen fantastischen Aussichtspunkt!

High Roller Riesenrad im LINQ

Dieses riesige Riesenrad mit einem Durchmesser von 520 Fuß und einer Höhe von 550 Fuß ist das High-Roller-Riesenrad im LINQ Hotel and Casino! Es ist das höchste Riesenrad der Welt und seit 2014 auf dem Las Vegas Strip in Betrieb!

Die Kabinen sind verglast und bieten in alle Richtungen einen atemberaubenden Blick auf das Vegas Valley und den Strip. Das Rad verfügt über 28 geräumige Räume und eine vollständige Umdrehung dauert 30 Minuten. Für diejenigen, die noch nie zuvor in Vegas waren, ist dies ein unvergleichliches Muss!

Da es sich um Las Vegas handelt, haben Besucher natürlich die Möglichkeit, von einem High-Roller-Erlebnis auf ein Happy-Hour-Ticket umzusteigen! Diese Wahl berechtigt Sie zu einer offenen Bar in Ihrer Kabine und unbegrenzten Getränken vom Barkeeper für die Dauer der halben Stunde! Passagiere, die in der Happy-Hour-Kabine reisen möchten, müssen mindestens 21 Jahre alt sein.

Die Wheelhouse-Bar, die sich am Fuße des riesigen Riesenrads befindet, serviert Getränke, wenn Sie kein unbegrenztes Happy-Hour-Ticket kaufen möchten, aber trotzdem eines haben möchten. Die Nacht ist die ideale Zeit, diese Attraktion zu besuchen und alle Lichter von Las Vegas von oben funkeln zu sehen!

Wenn Sie dem Rad folgen, haben Sie etwas Zeit für sich allein. Duschen Sie also, genießen Sie das Abendessen und entspannen Sie sich, bevor

Sie zu Ihrem Cirque du Soleil-Auftritt zurückkehren!

Kosten - 25 $ tagsüber und 37 $ nachts
Wie viel Zeit sollte ich hier verbringen? In weniger als einer Stunde
Dahin kommen - Das Bellagio ist nur 15 Gehminuten entfernt. Das hätten Sie nie gedacht.

Cirque du soleil

Durch den Einsatz von Wasser wird diese Leistung auf ein ganz neues Niveau gehoben. 85 Akrobaten, Synchronschwimmer und Taucher bilden die Gruppe, die in und über einem 1,5 Millionen Gallonen fassenden Becken auftritt! Neunzig Minuten lang wird Sie die Wassermagie in ihren Bann ziehen!

Begleitend zur Aufführung wird Instrumentalmusik aus aller Welt und dem klassischen Westen gespielt. Während des

Auftritts tritt hinter einer Glaswand seitlich der Bühne eine Live-Band auf. Diese Aufführung wird dem Ruf des Cirque du Soleil gerecht, einer Unterhaltungsgruppe, die für ihre großartigen Shows und einfallsreichen Inszenierungen bekannt ist!

Diese Veranstaltung ist seit Oktober 1998 ein fester Bestandteil im Bellagio Hotel and Casino. Normalerweise finden täglich zwei Vorstellungen statt. Wir empfehlen Ihnen, Ihre Tickets im Voraus zu kaufen, wenn Sie ein Wochenende in Las Vegas verbringen möchten.

Geheimtipp - Touristen sind verrückt nach Cirque du Soleil. Aus diesem Grund ist es wichtig, dass Sie Ihre Tickets rechtzeitig im Voraus besorgen. Glücklicherweise gibt es viele Programme zur Auswahl, da sie über die Woche verteilt stattfinden!

Kosten - Die Ticketpreise beginnen bei 126 $.

Wie viel Zeit sollte ich hier verbringen?
Ungefähr sechzig Minuten

Dahin kommen - An den meisten Tagen
beginnen die Shows um 7 Uhr und enden um
9:30 Uhr. Rückkehr nach Bellagio (15 Minuten
zu Fuß)

Caesars Palace

Ich weiß, dass es mir etwas ungezogen
vorkommt, dies zur Liste hinzuzufügen, aber
warum nicht? Es gibt einen Grund, warum Sie
nach Las Vegas gekommen sind. Ein
Nachtleben, das seinesgleichen sucht.

Diese ikonische Figur vom Las Vegas Strip
spielte in mehreren Filmen mit, darunter „The
Hangover" und „Ironman". Es ist ein
Wahrzeichen von Las Vegas und bietet weit
mehr als nur Spiele.

Bewundern Sie die Architektur, während Sie um

die riesigen Säulen und Gemälde zu Ehren des Namensgebers des Casinos herumgehen. Dieses Casino hat ein erstaunliches altes Rom-Thema, mit vergoldeten und aufwändigen Details, wohin das Auge blickt!

Das gesamte opulente Innere dieses Einkaufszentrums, einschließlich der spiralförmigen Rolltreppen am Eingang, ist faszinierend! Ein 50.000-Gallonen-Salzwasserbecken von Atlantis mit über 300 farbenfrohen tropischen Fischen befindet sich am Ende der Forum-Shops!

Im Caesars Palace befindet sich der Nachtclub Omnia, einer der bekanntesten Nachtclubs in Sin City. In diesem opulenten Club gibt es regelmäßig berühmte DJs, die das ganze Jahr über Platten auflegen. Einer der nobelsten Nachtclubs in Vegas, er verfügt über viele Tanzflächen und einen unvergleichlichen Blick von der Dachterrasse auf den Strip! Wenn Sie das beste Nachtleben von Vegas genießen möchten, sollten Sie dieses Ziel unbedingt in Ihren Zeitplan einplanen, während Sie in der Stadt sind!

Geheimtipp - Schauen Sie sich unbedingt das Nachbaraquarium des Atlantis-Aquariums an, die Fall of Atlantis-Ausstellung. Diese kostenlose Aufführung erzählt die Geschichte des Mythos von Atlantis und begeistert die Zuschauer mit Wasser, Feuer und animatronischen Charakteren! Das Programm beginnt um 11:00 Uhr und läuft zu jeder vollen Stunde.

Kosten - Freier Eintritt
Wie viel Zeit sollte ich hier verbringen? Die ganze Nacht? Die ganze Woche?
Dahin kommen - Der Veranstaltungsort Cirque Du Soleil in Bellagio liegt 10 Gehminuten vom Caesars Palace entfernt.

Tag 2

Okay, Sie haben also den Strip besucht. In Sichtweite ist ein Casino. Es ist jetzt Zeit, in die Wildnis zu gehen. Und vielleicht eine Getränkepause zur Mittagszeit einlegen. Klingt es richtig?

Erkunden Sie die Wildnis des Red Rock Canyon

Mittlerweile haben Sie wahrscheinlich genug Leute im Allgemeinen und Besucher im Besonderen. Dies ist Ihre Gelegenheit, einige der atemberaubenden Landschaften Nevadas zu betrachten und gleichzeitig den Großteil der Besucher zu meiden.

Es wäre eine große Verschwendung, dorthin zu gehen, wenn man bedenkt, wie nah es ist! Die Casinos sind wunderbar, aber was ist mit diesem riesigen Steinhaufen in der Wüste? Es ist nichts Falsches daran, sich etwas Zeit zu nehmen, um dieses erstaunliche Beispiel der Geologie zu erkunden, insbesondere wenn Sie mit Wüstenumgebungen nicht vertraut sind.

Die Dauer eines Tages, um den Red Rock Canyon zu besichtigen, hängt von Ihrem Wanderinteresse ab. Um die Region zu erkunden, können Sie auch reiten oder Fahrräder mieten!

Kosten - Freier Eintritt
Wie viel Zeit sollte ich hier verbringen? Ungefähr zweieinhalb Stunden
Dahin kommen - Vom Zentrum von Las Vegas aus sind es 30 Minuten mit dem Auto Richtung Westen.

Das Stratosphere Casino, Hotel und Tower

Es ist fast Zeit für das Mittagessen, also kehren wir für eine schnelle Mahlzeit und leichte Unterhaltung zum Strip zurück.

Das Stratosphere Resort and Casino bietet mehrere fantastische Aktivitäten. Besuchen Sie zum Beispiel die Aussichtsplattform auf dem höchsten freistehenden Bauwerk der Vereinigten Staaten. Wunderschöne 360-Grad-Aussichten auf den Strip sind verfügbar!

Erleben Sie exzellentes Essen im einzigen Drehrestaurant in Las Vegas, dem Top of the World Restaurant. Alle 80 Minuten dreht sich das Restaurant um 350 Grad und bietet Ihnen einen atemberaubenden Blick auf die Stadt!

Erleben Sie den Nervenkitzel der Skypod Thrill Rides im Stratosphere. Es gibt drei aufregende Attraktionen, mit denen Besucher über der Stratosphäre ein unvergessliches Erlebnis erleben können. Sie schleudern sich 27 Fuß über die Seite des Turms, hängen über dem Bauwerk und schießen dann 160 Fuß direkt nach oben!

Probieren Sie Skyjump für noch mehr Spannung aus. Machen Sie bei dieser Attraktion in Vegas einen Sprung unter freiem Himmel aus 829 Fuß Höhe über dem Strip von der Stratosphere aus. Genießen Sie den aufregenden Nervenkitzel, während Sie mit einer Geschwindigkeit von 60 km/h auf den Landeplatz unter Ihnen zusteuern. Wenn Sie gewagte Aktivitäten mögen, sollten Sie dies unbedingt in Ihren Plan für mindestens drei Tage in Las Vegas einplanen!

Kosten - Der Turm kostet je nach Wochentag 20 bis 30 US-Dollar.
Wie viel Zeit sollte ich hier verbringen? Ungefähr zweieinhalb Stunden
Dahin kommen - Die Fahrzeit vom Red Rock Canyon beträgt 30 Minuten. Ich wünschte, es gäbe auch Aktivitäten auf dem Weg.

Besuchen Sie den Fluchtraum „Escape Blair Witch".

Ist es Ihnen jemals in den Sinn gekommen, sich selbst lächerliche Angst einzujagen? Versuchen Sie Ihre List gegen einen gewieften Escape-Room-Ersteller? Von grotesken Künstlern Abstand nehmen?

Dann werden Sie den Escape Blair Witch Escape Room lieben. Gleich nebenan befindet sich The Saw Experience, ein Escape Room mit der gleichen Prämisse.

Auch wenn es auf dem Strip unglaublich viel zu sehen gibt, wird Ihnen dies ein unvergessliches Erlebnis bescheren. Es scheint ein hervorragendes Preis-Leistungs-Verhältnis zu bieten und ist sehr beliebt. Wenn Sie darüber nachdenken, dies in Ihren Las Vegas-Plan aufzunehmen, reservieren Sie Ihren Platz unbedingt im Voraus, da die Plätze besonders im Sommer schnell ausgebucht sind!

Kosten - Freier Eintritt

Wie viel Zeit sollte ich hier verbringen? Ungefähr sechzig Minuten lang.

Dahin kommen - Machen Sie einen Häuserblockspaziergang! Gehen Sie fünf bis zehn Minuten.

Besuchen Sie den Eiffelturm

Mit diesen hochgelegenen Attraktionen haben Sie die beste Aussicht auf den Las Vegas Strip! Eine Kopie des echten Eiffelturms in Paris im halben Maßstab wird Paris Las Vegas genannt. In einem gläsernen Aufzug, der Ihnen eine freie Sicht auf die Umgebung bietet, fahren Sie 46 Stockwerke hinauf zum Gipfel.

Paris Las Vegas ist ideal gelegen, um atemberaubende Nahaufnahmen der wichtigsten Sehenswürdigkeiten der Stadt zu machen, da es direkt im Herzen des Strip liegt. Besuchern steht es frei, so lange auf dem Gipfel zu bleiben, wie sie möchten!

Von der Dämmerung bis Mitternacht erstrahlt dieser bezaubernde Turm alle dreißig Minuten in einem Lichtspiel. Nachts können Gäste koordinierte Lichtshows erleben, die dem echten Eiffelturm in Frankreich nachempfunden sind!

Geheimtipp - Die ideale Zeit, um diese Attraktion zu erleben, ist nachts, wenn Sie einen atemberaubenden Blick auf die Bellagio-Brunnen und den von glitzernden Lichtern erleuchteten Las Vegas Strip genießen können!

Kosten - 22 $ pro Person
Wie viel Zeit sollte ich hier verbringen? In weniger als einer Stunde
Dahin kommen - Vom Escape Room/Stratosphere Casino aus dauert die Fahrt mit dem Taxi oder dem Auto zehn Minuten.

Alternativ können Sie einen Bus zur Haltestelle „Las Vegas at the Paris" nehmen.

Besuchen Sie Seven Magic Mountains, um Ihr Instagram zu krönen

Den Sonnenuntergang in den Seven Magic Mountains zu sehen, ist für Influencer ein lohnender Zeitvertreib. oder einfach eine unterhaltsame Aktivität. Nichts ist seltsamer als ein Mann, der in einer Wüste bunte Kieselsteine stapelt, und Sie können dieses seltsame Schauspiel sehen!

Die 3,5 Millionen US-Dollar, die die Installation des Kunstwerks den staatlichen Steuerzahlern kostete, sind vielleicht eine der Hauptursachen für die Hysterie, die das Kunstwerk umgibt. Zu sehen, wie Ihre Steuern missbraucht werden, ist eine weitaus bessere Zeitnutzung als alles andere.

Machen Sie auf jeden Fall einen Zwischenstopp für einen fantastischen Sonnenuntergang. es ist kreativ und großartig! Dieses Exponat mit seiner Vielfalt an Farben hat eine seltsame Anziehungskraft. Gönnen Sie sich anschließend einen erholsamen Schlaf. Der dritte Tag ist wieder einmal sehr arbeitsreich!

Kosten - Kostenlos
Wie viel Zeit sollte ich hier verbringen? In weniger als einer Stunde
Dahin kommen - Die Fahrtzeit dorthin beträgt 25 Autominuten südlich des Eiffel Tower Experience.

Tag 3

Bisher läuft der Zeitplan für Las Vegas recht gut. Tag 3 ist der Erkundung der Innenstadt von Las Vegas und dem Aufräumen von Bereichen des Strips gewidmet, für die Sie noch keine Zeit hatten.

Gehen Sie durch das Mob Museum

Ziel des Mob Museums ist es, das Wissen über organisierte Kriminalität und ihre Auswirkungen auf die amerikanische Kultur zu erweitern. Entdecken Sie die Denkweise der Mafia, entdecken Sie wahre Geschichten und erfahren Sie mehr über reale Vorfälle aus der Vergangenheit der Mafia. Alles, was Sie brauchen, ist eine Eintrittskarte, um an einer selbstgeführten Tour teilzunehmen und interaktive Ausstellungen, lehrreiche Vorführungen und Filme zu genießen!

Das Museum erstreckt sich über drei Stockwerke

und im Jahr 2018 wurde der Keller als voll funktionsfähige Flüsterkneipe und Destillerieausstellung für die Öffentlichkeit zugänglich gemacht. Entdecken Sie bei sorgfältig zubereiteten Getränken aus der Prohibitionszeit die Hintergründe der amerikanischen Prohibition!

Kinder sollten dieses Museum wegen der schrecklichen Bilder von Mordopfern, die dort gezeigt werden, nicht besuchen.

Kosten - Der Ticketpreis beträgt 32,50 $.
Wie viel Zeit sollte ich hier verbringen? Ungefähr zwei Stunden. Es ist ohne Zweifel einer der interessantesten Orte in der Gegend und es gibt genug zu sehen.
Dahin kommen - Die Bushaltestelle „Mob Museum" liegt direkt neben dem Standort, der sich im Herzen der Innenstadt von Las Vegas befindet.

Das Fremont Street-Erlebnis

Erleben Sie Vegas wie früher mit der Fremont Street Experience. Diese Straße, die Teil der ursprünglichen Innenstadt der Stadt ist, wurde 1905, dem Gründungsjahr von Las Vegas, angelegt!

In der Fremont Street herrscht heutzutage eine geschäftige, farbenfrohe Atmosphäre. Viva Vision, der weltweit größte LED-Videobildschirm, befindet sich in diesem Sektor mit sieben Blocks. Dieses 90 Fuß breite und 1.500 Fuß lange Leinwanddach glänzt mit lebendigen, wechselnden Lichtern, während es über der Fahrbahn aufragt!

Mit der Slotzilla-Seilrutsche können Sie wie ein Superheld über die Fremont Street schweben (oder, wenn Sie möchten, sitzen bleiben). Während Sie über der Menschenmenge schweben, genießen Sie eine einzigartige Perspektive auf eine der meistbesuchten Straßen von Las Vegas!

In dieser lebhaften Gegend gibt es eine Vielzahl von Straßenkünstlern. In der Fremont Street gibt es alles, von Zeichentrickfiguren über Rapper bis hin zu Vegas-Showgirls! Einer der besten Orte zum Beobachten ist hier, wo Sie Menschen in verschiedenen Kostümen sehen können. andere sind amüsant ungewöhnlich, andere lustig und einige ... nicht für kleine Kinder geeignet.

Die meisten Restaurants, Casinos und Bars in der Fremont Street sind etwas günstiger als die am Strip. Dies ist auch ein großartiger Ort, um preiswerte Erinnerungsstücke an Las Vegas zu erwerben!

In bestimmten Straßenabschnitten finden regelmäßig Live-Musikveranstaltungen statt. Holen Sie sich einen Drink in einem der vielen örtlichen Pubs und genießen Sie kostenlose Unterhaltung! Dieser Ort muss auch köstliche

Mittagessen anbieten!

Kosten - Freier Eintritt

Wie viel Zeit sollte ich hier verbringen? etwa drei Stunden.

Dahin kommen - Das Mob-Museum ist sechs Gehminuten entfernt.

Die Grand Canal Shoppes des Venezianers

Kopfsteinpflasterwege und eine beleuchtete, bemalte Decke, die den Himmel imitieren soll, sind charakteristisch für dieses charmante Geschäftszentrum. Im Grand Canal Shoppes at the Venetian gibt es über 160 Markenboutiquen, darunter mehrere Premium-Labels, die sich über eine Viertelmeile mit Geschäften und Restaurants erstrecken.

Es gibt viele Restaurants, viele davon werden von renommierten Köchen wie Emeril Lagasse und Wolfgang Puck geführt! Die altmodische italienische Einrichtung der Geschäfte spricht Menschen jeden Einkaufsgeschmacks an.

Machen Sie eine Fahrt mit einer venezianischen Gondel für ein romantisches und unterhaltsames Vegas-Abenteuer! Fahren Sie mit Ihrem singenden Gondoliere in einer echten venezianischen Gondel den Canal Grande entlang, während Sie unter Brücken, über Balkone und an Cafés vorbeifahren!

Entdecken Sie die lebhafte venezianische Stadtlandschaft im Einkaufszentrum oder unternehmen Sie eine Fahrt mit der Außengondel, um die freie Natur direkt am Las Vegas Strip zu genießen! Besonders für Paare ist dies eine schöne Sache ergänzen zu jeder Las Vegas-Reiseroute! Auch wenn es eines der kitschigsten Dinge ist, die man in Las Vegas unternehmen kann, sollten Sie es trotzdem tun.

Kosten - Kostenlos. Tickets für die Gondel

beginnen bei 29,00 $ pro Person.

Wie viel Zeit sollte ich hier verbringen? Ungefähr zwei Stunden

Dahin kommen - Nehmen Sie von der Innenstadt von Las Vegas aus ein Taxi für zehn Minuten.

AdventureDome-Themenpark

Im Circus Circus Resort and Casino befindet sich ein Indoor-Themenpark. In einer riesigen Glaskuppel mit rosa Farbton befindet sich der Themenpark. Der Park bietet insgesamt 25 Fahrgeschäfte und Aktivitäten, darunter Lasertag, eine Rollschuhbahn, Kletterwände und Minigolf!

Sehen Sie sich die neuesten Arcade-Videospiele an, darunter mehrere Virtual-Reality-Titel, die im Park verstreut sind! Sie können den ganzen Tag damit verbringen, Ihre liebsten Vintage-Arcade-Spiele im grenzenlosen klassischen Arcade-Bereich zu spielen!

Jeden Tag um 12.00 Uhr, 13.00 Uhr, 15.00 Uhr und 16.00 Uhr gibt es kostenlose Clownvorführungen. Am Freitag- und Samstagabend gibt es zusätzliche Vorstellungszeiten.

Bringen Sie die Familie zu einem aufregenden Tag voller Spaß hierher, wenn Sie eine Abwechslung zu den Casinos und Bars suchen! Wenn Sie mehr als drei Tage in Las Vegas verbringen möchten, empfehlen wir Ihnen, diesen Ausflug in Ihren Zeitplan einzuplanen, da Sie hier leicht Stunden verbringen können.

Kosten – Keine Angabe, könnte aber 30 $ für Kinder und 60 $ für Erwachsene betragen. plus andere Artikel.
Wie viel Zeit sollte ich hier verbringen? zwei bis drei Stunden.
Dahin kommen - Vom Venetian aus sind es 7

Minuten mit dem Auto oder 25 Minuten zu Fuß.

Die Blue Man Group

Die Blue Man Group ist eine hochgelobte Unterhaltungsgruppe, die eine großartige Ergänzung zu jedem Las Vegas-Programm darstellt. Die kreativen Genies hinter diesem Trio begeistern seit fast dreißig Jahren ihr Publikum.

Erleben Sie ein stimmungsvolles Konzert dieses bekannten Ensembles! Diese drei blauhaarigen Kerle mit Glatze nehmen Sie mit auf eine erstaunliche Reise voller Überraschungen, Musik, Humor und atemberaubender Bilder! Dieser unterhaltsame Las Vegas-Act ist ideal für Publikum jeden Alters. Diese einzigartige Bühnenproduktion ist die ideale Ergänzung zu einem Urlaub in Las Vegas!

Genießen Sie eine humorvolle, melodische und

kreative Darbietung mit viel Beteiligung des Publikums dieser Gruppe blau gekleideter Schauspieler. Der Auftritt dieser Gruppe ändert sich ständig, Sie sollten ihn sich also bei jedem Besuch in Las Vegas ansehen! Sie experimentieren ständig mit neuen Inhalten und Techniken, um das Publikum zu unterhalten!

Kosten - Teuer! 180 $ für jedes Ticket
Wie viel Zeit sollte ich hier verbringen? Ungefähr zwei Stunden
Dahin kommen - Das Luxor Hotel and Casino ist der Veranstaltungsort für die Aufführung.

10-Tage-Reisevorschlag

Tag 1 – Willkommen in Las Vegas

Morgen - Beginnen Sie Ihren Tag im Hash House A Go Go mit einem köstlichen Frühstück. Nachdem Sie sich für den Tag gestärkt haben, begeben Sie sich zum berühmten Las Vegas Strip. Genießen Sie einen gemütlichen Spaziergang entlang der bekannten Allee und bewundern Sie die luxuriösen Hotels und funkelnden Lichter.

Nachmittag - Gönnen Sie sich zum Mittagessen einen köstlichen Burger im Gordon Ramsay Steak. Erkunden Sie anschließend die Fremont Street Experience, die für ihr lebhaftes Ambiente und die auffällige Lichtinszenierung bekannt ist. Vergessen Sie nicht, sich die Straßenkünstler und antiken Casinos anzusehen.

Abend - Genießen Sie zum Abendessen mexikanische Küche bei Javier's. Genießen Sie anschließend den aufregenden Las Vegas Night Helicopter Flight über dem Las Vegas Strip, bei dem Sie atemberaubende nächtliche Ausblicke auf das Stadtbild der Stadt genießen können.

Tag 2 – Tierwelt und Naturwunder

Morgen - Machen Sie am frühen Morgen einen Ausflug in den atemberaubenden Zion-Nationalpark. Machen Sie einen Spaziergang und genießen Sie die wunderschöne Landschaft. Gönnen Sie sich morgens eine schnelle Mahlzeit bei In-N-Out Burger.

Nachmittag - Besuchen Sie am Nachmittag den Bryce-Canyon-Nationalpark für weitere atemberaubende Landschaften und ungewöhnliche Felsformationen. Während Sie durch den Park schlendern, können Sie sich ein Lunchpaket mit Tacos El Gordo gönnen.

Abend - Gehen Sie zurück nach Las Vegas und essen Sie im Beauty & Essex zu Abend, einem angesagten Restaurant mit einer ausgeprägten Speakeasy-Atmosphäre. Nehmen Sie anschließend an der von Las Vegas geführten Quad-Tour durch die Wüste von Las Vegas teil und erleben Sie eine aufregende Quad-Tour durch die Wüste.

Zeit zum Schlafengehen – Finden Sie eine luxuriöse und dennoch erschwingliche Unterkunftsmöglichkeit in Las Vegas.

Tag 3 – Abenteuer im Grand Canyon

Morgen - Machen Sie einen ganztägigen Ausflug zum herrlichen Südrand des Grand Canyon. Bewundern Sie die atemberaubenden Ausblicke und genießen Sie die malerische Reise. Die Pausen für die Touren beinhalteten Mittagessen und Erfrischungen. Denken Sie daran, von den vielen Aussichtspunkten aus tolle Fotos zu machen.

Nachmittag - Kehren Sie zum Lake Mead National Recreation Area in Las Vegas zurück, um sich zu entspannen. Machen Sie einen Bootsausflug oder genießen Sie einfach die wunderschöne Landschaft. Besuchen Sie Craftssteak für ein köstliches Steak-Erlebnis für ein spätes Mittagessen.

Abend - Genießen Sie ein üppiges Abendessen im Top of the World, einem wechselnden Restaurant mit weitem Blick auf Las Vegas. Besuchen Sie anschließend die Brunnen von Bellagio und sehen Sie sich die erstaunliche Wassershow an.

Zeit zum Schlafengehen – Finden Sie eine luxuriöse und dennoch erschwingliche Unterkunftsmöglichkeit in Las Vegas.

Tag 4 – Hoover-Staudamm und darüber hinaus

Morgen - Machen Sie einen Rundgang durch den bekannten Hoover-Staudamm, um Ihren Tag zu beginnen. Erfahren Sie bei einer Führung mehr über den Bau und die Geschichte dieses erstaunlichen Denkmals. Machen Sie vor Ihrer Abreise einen Zwischenstopp bei Dirt Dog für ein schnelles Frühstück.

Nachmittag - Nehmen Sie ein Mittagessen ein, dann den Hoover Dam, den Las Vegas Grand Canyon und einen optionalen Skywalk-Ausflug. Machen Sie einen wunderschönen Ausflug zum Westrand des Grand Canyon und machen Sie unterwegs Halt am Hoover Dam. Genießen Sie das Mittagessen der Tour und denken Sie darüber nach, den aufregenden Grand Canyon Skywalk zu erkunden.

Abend - Gehen Sie zurück nach Las Vegas und genießen Sie eine tolle Mahlzeit im Buddy V's Ristorante, das italienische Küche serviert. Besuchen Sie den STRAT Tower und genießen Sie am Ende des Tages die weiten Ausblicke auf die Metropole.

Zeit zum Schlafengehen – Finden Sie eine luxuriöse und dennoch erschwingliche Unterkunftsmöglichkeit in Las Vegas.

Tag 5 – Begegnung mit der Tierwelt

Morgen - Besuchen Sie die Zoobic Safari, um

Ihren Tag zu beginnen und eine Vielzahl exotischer Kreaturen hautnah zu erleben. Bevor Sie abreisen, genießen Sie ein reichhaltiges Frühstück im Mon Ami Gabi.

Nachmittag - Erkunden Sie den aufregenden Zoocobia Fun Zoo mit interaktiven Ausstellungen und Tierinteraktionen. Um Ihre Energie aufrechtzuerhalten, schauen Sie für einen schnellen Snack bei Nacho Daddy vorbei.

Abend - Genießen Sie ein köstliches Abendessen im Mastro's Ocean Club, der für seine Meeresfrüchte und die Lage am Meer bekannt ist. Erleben Sie anschließend eine erstaunliche Feuershow am Flaming Sword.
Zeit zum Schlafengehen – Finden Sie eine luxuriöse und dennoch erschwingliche Unterkunftsmöglichkeit in Las Vegas.

Tag 6 – Natürlicher Rückzugsort

Morgen - Verbringen Sie den Tag in Mount

Charleston und entfliehen Sie der Stadt. Genießen Sie wunderschöne Landschaften und Wanderwege. Bevor Sie gehen, frühstücken Sie am Küchentisch.

Nachmittag - Genießen Sie eine gemütliche Mahlzeit und genießen Sie die ruhige Berglandschaft in der Mt. Charleston Lodge. Besuchen Sie das benachbarte Enchanted Kingdom, einen atemberaubenden Garten mit einer Vielzahl ungewöhnlicher Pflanzen.

Abend - Gehen Sie zurück nach Las Vegas und essen Sie im bekannten Restaurant The Capital Grille zu Abend. Genießen Sie anschließend die weite Aussicht auf die Stadt vom High Roller auf dem Las Vegas Strip im The LINQ Ticket. Zeit zum Schlafengehen – Finden Sie eine luxuriöse und dennoch erschwingliche Unterkunftsmöglichkeit in Las Vegas

Tag 7 – Historische Erkundung

Morgen - Gehen Sie zum Malinta-Tunnel auf Corregidor Island, um Ihren Tag zu beginnen. Entdecken Sie die Bedeutung des alten Tunnels bei einer Erkundung. Bevor Sie gehen, können Sie noch einen kurzen Brunch in der Hexx Kitchen + Bar genießen.

Nachmittag - Gehen Sie zum Surrender Site Marker, um Ihre historische Erkundung fortzusetzen. Nehmen Sie sich etwas Zeit, darüber nachzudenken, was in dieser Situation passiert ist. Genießen Sie ein Mittagessen im The Steak House, das für seine traditionellen Steakrezepte bekannt ist.

Abend - Genießen Sie Ihr Abendessen im brasilianischen Restaurant Pampas Las Vegas, das eine Auswahl an gegrilltem Fleisch serviert. Genießen Sie anschließend die lebhafte Atmosphäre der Fremont Street Experience.
Zeit fürs Bett. Entdecken Sie unglaubliche

Unterkunftsmöglichkeiten in Las Vegas.

Tag 8 – Outdoor-Abenteuer

Morgen - Genießen Sie einen spektakulären Helikopterblick auf den Las Vegas Strip mit dem Las Vegas-Panoramablick bei Nacht, um Ihren Tag zu beginnen. Genießen Sie die atemberaubende Luftaufnahme der Stadt. Gönnen Sie sich vor der Reise ein schnelles Frühstück im Lotus of Siam.

Nachmittag - Besuchen Sie am Nachmittag das Masungi Georeserve, ein Naturschutzgebiet, das für seine ungewöhnlichen Felsformationen und Wanderwege bekannt ist. Nehmen Sie während der Erkundung ein Mittagessen ein, das Echo & Rig eingepackt hat.

Abend - Genießen Sie eine feine Mahlzeit im mit einem Michelin-Stern ausgezeichneten Restaurant Joël Robuchon, das köstliche französische Küche serviert.

Zeit zum Schlafengehen – Finden Sie eine luxuriöse und dennoch erschwingliche Unterkunftsmöglichkeit in Las Vegas.

Tag 9 – Gourmet-Köstlichkeiten

Morgen - Machen Sie einen Rundgang durch das Las Vegas Arts District, um Ihren Tag zu beginnen. Erkunden Sie die Cafés, Geschäfte und Kunstgalerien in der Umgebung. Genießen Sie ein köstliches Frühstück im Bouchon.

Nachmittag - Besuchen Sie den Las Vegas Downtown Container Park, ein einzigartiges Restaurant- und Einzelhandelsviertel, das aus Schiffscontainern gebaut wurde. Genießen Sie ein Mittagessen im Searsucker, einem beliebten Ort für moderne amerikanische Küche.

Abend - Genießen Sie eine wunderbare Mahlzeit bei Joe's Seafood, Prime Steak & Stone Crab. Genießen Sie anschließend das lebhafte Nachtleben am Las Vegas Strip.

Zeit zum Schlafengehen – Finden Sie eine luxuriöse und dennoch erschwingliche Unterkunftsmöglichkeit in Las Vegas.

Tag 10 – Abschied von Las Vegas

Morgen - Gehen Sie zum Westrand des Grand Canyon, um Ihren Tag zu beginnen. Bewundern Sie die herrlichen Ausblicke und erkunden Sie die vielen Aussichtspunkte. Genießen Sie ein reichhaltiges Frühstück von The Palm.

Nachmittag - Rückkehr nach Las Vegas und Halt bei Lawry's The Prime Rib für ein Abschiedsessen. Genießen Sie die köstlichen Beilagen und die berühmte Hochrippe.

Abend - Beenden Sie Ihre Reise mit einem wunderbaren Essen im Eiffelturm-Restaurant, das einen atemberaubenden Blick auf die Stadt bietet. Werfen Sie anschließend einen letzten Blick auf das aufregende Nachtleben des Las Vegas Strip.
Zeit zum Schlafengehen – Finden Sie eine luxuriöse und dennoch erschwingliche Unterkunftsmöglichkeit in Las Vegas.

Heiße Touristentipps für Las Vegas

1. Der Zutritt zu örtlichen Casinos ist auf Personen im Alter von 20 Jahren und darunter beschränkt.

2. Den Gästen ist die Nutzung von Mobiltelefonen und anderen Kommunikationsgeräten in den Glücksspieleinrichtungen untersagt.

3. In vielen gehobenen Restaurants gilt eine Kleiderordnung, die den Zutritt nur Gästen in Anzügen und Abendkleidern gestattet. Am besten reservieren Sie einen Tisch im Voraus.

4. Für diejenigen, die bei der Unterkunft sparen möchten, ist die Entscheidung für ein Hotel in der Fremont Street eine kluge Wahl, da die Preise in den örtlichen Hotels tendenziell unter dem Durchschnitt der Stadt liegen.

5. Touristen, die ein intensives Erlebnis suchen, sollten Hotels im Strip-Gebiet in Betracht ziehen und bedenken, dass die Übernachtungspreise in dieser Gegend zu den höchsten in der Stadt gehören.

6. In großen Restaurants, Bars, Einkaufszentren und Unterhaltungsstätten ist das Rauchen nicht gestattet. In einigen Straßen gilt zudem ein Rauchverbot, daher ist es wichtig, auf Verbotsschilder zu achten. Allerdings gibt es in jedem Vergnügungslokal und jedem Einkaufszentrum ausgewiesene Bereiche für Raucher.

7. Es empfiehlt sich, Wertgegenstände im Safe in Ihrem Hotelzimmer aufzubewahren. Vermeiden Sie das Mitführen von Wertgegenständen und großen Geldsummen, es sei denn, dies ist unbedingt erforderlich, um das Risiko eines Taschendiebstahls an öffentlichen Orten zu minimieren.

8. Touristen, die planen, ein Auto zu mieten, sollten sich des Problems des „Parkplatzmangels" bewusst sein, insbesondere in der Nähe von Regierungsbehörden, Einkaufszentren und Casinos, wo die Parkplatzsuche schwierig sein kann.

9. Autovermietungen können Altersbeschränkungen haben, wobei einige Unternehmen die Grenze auf 21 Jahre und andere auf 25 Jahre festlegen.

10. In großen Geschäften, Restaurants und Hotels werden internationale Kreditkarten wie Visa, American Express und MasterCard als Zahlungsmittel akzeptiert.

11. Trinkgeld ist in Restaurants, Bars und Cafés üblich und beträgt in der Regel 10–15 % der Gesamtrechnung. Wir freuen uns auch über die Hinterlegung einer kleinen Gebühr für

Hotelangestellte und Gepäckträger, die zwischen 0,25 und 1 USD liegt.

12. Kommen Sie während der gesamten Arbeitswoche von Montag bis Donnerstag vorbei. Nicht nur, dass Flüge und Hotelzimmer oft nur halb so teuer sind, auch der Andrang ist deutlich erträglicher.

13. Besuchen Sie TicketsOnDemand, um die Auswahl an erschwinglichen Veranstaltungstickets zu sehen, die angeboten werden, wenn Ihre Reiseroute flexibel ist. Wir kauften Tickets bei einem Verkäufer und schauten uns Ka im MGM Grand zum halben Preis an. Leider gibt es keine Website; Stattdessen müssen Sie am Kiosk vorbeischauen, der sich am 3130 S. Rainbow Blvd befindet.

Was und wo man in Las Vegas essen kann

Hervorragende gastronomische Einrichtungen gehören zu den Hauptattraktionen von Las Vegas. Die lokalen Restaurants verfügen über Spitzenköche aus der ganzen Welt. Jeder Veranstaltungsort präsentiert seinen Gästen die üppigsten Angebote der Weltküche und präsentiert seltene Köstlichkeiten, die einfach unwiderstehlich sind.

Las Vegas bietet ein umfangreiches Angebot an kulinarischen Erlebnissen unterschiedlicher Stilrichtungen. Neben dem Pariser Hotel befindet sich das außergewöhnliche französische Restaurant Eiffel Tower auf der 11. Etage und bietet nicht nur köstliche Küche, sondern auch einen Panoramablick auf die Bellagio-Brunnen.

Für Liebhaber der französischen, kalifornischen und brasilianischen Küche ist Fleur de Lys ein

Muss. Dieses Gourmetparadies ist ein beliebter Treffpunkt von Politikern und Popstars und bekannt für seine besonderen Gerichte wie Rindfleisch und australischen Hummer, die nach einzigartigen Rezepten zubereitet werden.

Das im Stratosphere Hotel Tower gelegene Restaurant Stratosphere hat seit langem die Herzen der Touristen erobert. Da sich die Drehhalle in einer Stunde komplett dreht, können die Gäste ihre Mahlzeiten genießen und dabei einen 360 Meter hohen Panoramablick auf Las Vegas genießen. Die Speisekarte im Stratosphere bietet kontinentale Küche, ergänzt durch eine umfangreiche Weinkarte für Liebhaber von Brandy und Cognac.

Picaso ist ein äußerst beliebtes Reiseziel, Reservierungen erfolgen oft Monate im Voraus. Eine Mischung aus Museum und Restaurant, dessen Wände mit Originalgemälden renommierter Künstler geschmückt sind, bietet ein exquisites Erlebnis. Nach der Besichtigung unbezahlbarer Kunstwerke können die Gäste außergewöhnliche italienische Küche genießen und aus einer Sammlung seltener Weine wählen.

Michael's Restaurant ist seit über zwei Jahrzehnten in Betrieb und gilt als eines der ältesten Speiselokale der Stadt. Als Spezialität der kontinentalen Küche nimmt es einen besonderen Platz im Herzen von Dessert-Enthusiasten ein, wobei originelle Desserts einen wesentlichen Teil der Speisekarte dominieren.

Für diejenigen, die sich danach sehnen, authentische nationale Gerichte zu genießen, ist ein Besuch in einem lokalen klassischen Steakhaus ein Muss. Las Vegas ist bekannt für seine außergewöhnlich köstlichen Steaks, die in verschiedenen Gargraden angeboten werden und von typischen Gemüsebeilagen und Soßen begleitet werden.

Liebhaber von Meeresfrüchten werden nicht enttäuscht sein, denn gegrillter Fisch und Meeresfrüchte, insbesondere Tintenfisch und Garnelen, sind eine beliebte Wahl. Verschiedene Restaurants bieten Variationen der Muschelsuppe an, manche servieren sie direkt in einem Brotlaib in einer originellen Präsentation.

Zu den Markenzeichen der lokalen Küche gehören einzigartige Desserts, wobei Nusstorte ein beliebtes Gericht ist und traditionell mit Vanilleeis und einer speziellen Karamellsauce serviert wird. Gefüllter Truthahn, ein nach jahrhundertealten Rezepten zubereitetes Gericht, ist ein Beispiel für das kulinarische Erbe, das insbesondere mit dem Erntedankfest verbunden ist.

Die Grillkultur ist in den Bewohnern von Las Vegas tief verwurzelt, und in den örtlichen Parks gibt es spezielle Grillplätze. Mit minimalen

Gewürzen zubereitete Rindersteaks bieten einen Einblick in die regionale Esskultur.

Vegetarischen Gästen wird empfohlen, den Waldorfsalat zu probieren, der für seine einzigartige Kombination aus Gemüse und Früchten mit speziell ausgewählten Äpfeln, Paprika, Sellerie und Nüssen bekannt ist. Verschiedene Geschäfte und Cafés in ganz Las Vegas bieten eine Reihe beliebter Süßigkeiten an, von Muffins und Donuts bis hin zu Marshmallows und Keksen, die ein wunderbares Souvenir für Freunde oder Familie sind.

Top-Einkaufsmöglichkeiten in Las Vegas

In Las Vegas geht der Reiz über renommierte Casinos und angesehene Gastronomiebetriebe hinaus und umfasst eine Welt luxuriöser Einkaufszentren und Geschäfte.

1. Caesar's Forum Shop Handelszentrum - Das Caesar's Forum Shop Trading Center liegt inmitten der prestigeträchtigsten Einzelhandelsgeschäfte der Stadt und sticht heraus. Dieses Zentrum befindet sich in einem wunderschön restaurierten historischen Gebäude und verfügt über über 160 auf verschiedene Waren spezialisierte Geschäfte und mehr als 10 Restaurants. Es ist ein Paradies für diejenigen, die stilvolle Designerkleidung, Schuhe, Parfüme und faszinierende Haushaltsgegenstände suchen, und damit ein erstklassiges Ziel für diejenigen mit einer Vorliebe für elitäre und exklusive Fundstücke.

2. *Belz Factory Outlet World Shopping Complex* - Der weitläufige Belz Factory Outlet World Shopping Complex richtet sich an preisbewusste Reisende und bietet Markenprodukte zu bemerkenswert günstigen Preisen. Dieses Outlet ist ideal für Liebhaber renommierter Marken wie Calvin Klein, Jones New York Country, Reebok, Espirit und Levi's und aktualisiert sein Warensortiment ständig, was es zu einem ganzjährigen Einkaufsparadies macht.

3. *Modenschau-Einkaufszentrum* - Die Fashion Show Mall gehört zu den größten und faszinierendsten Einkaufskomplexen in Las Vegas und erstreckt sich über drei Ebenen und verfügt über über hundert Geschäfte. Hier können Kunden moderne Designerstücke sowie Markenkleidung und -schuhe zu erschwinglichen Preisen entdecken. Das Einkaufszentrum beherbergt Geschäfte wie

Nordstrom, Forever 21, Bloomingdales, Macy's, Dillard's und Neiman Marcus und bietet außerdem eine reizvolle Auswahl an Restaurants, die das Einkaufserlebnis bereichern.

4. *Venezianisches Einkaufszentrum* - Das Venetian Shopping Mall ist ein einzigartiges Themenziel, das der bezaubernden Stadt Venedig gewidmet ist und über das Einkaufen hinausgeht. Neben zahlreichen bezaubernden Geschäften können Besucher an unterhaltsamen Aktivitäten teilnehmen und sogar eine Gondelfahrt entlang eines künstlichen Kanals genießen. Das Einkaufszentrum richtet sich an Familien und bietet nicht nur eine Auswahl an Kleidung, Accessoires und Parfüms, sondern auch Kinderspielzeug.

5. *Kristalle im City Centre Mall* - Crystals ist aufgrund seiner bemerkenswerten Architektur und seines exquisiten Designs ein Muss. Dieser Einkaufskomplex präsentiert eine Sammlung

moderner modischer Kleidung, renommierter
Parfüme und Elektronik. Feinschmecker werden
die Auswahl an bekannten Restaurants zu
schätzen wissen.

In der Stadt gibt es viele thematische Geschäfte,
wobei die farbenfrohen M&Ms-Läden als
beliebte Touristenziele hervorstechen und eine
Auswahl an farbenfrohen Stofftieren und
anderen originellen Souvenirs anbieten, die von
den weltberühmten bunten M&Ms-Süßigkeiten
inspiriert sind.

6. *Las Vegas Premium Outlets Village* - Das Las
Vegas Premium Outlets Village ist ein beliebter
Zufluchtsort für preisbewusste Käufer und
beherbergt mehrere große Outlets, die das ganze
Jahr über hochwertige Markenartikel zu
durchweg erschwinglichen Preisen anbieten.
Marken wie Calvin Klein, True Religion,
Armani Exchange, Lacoste, Ann Taylor, Tommy
Hilfiger, Burberry, Salvatore Ferragamo und

Timberland schmücken diese Geschäfte und bieten ein lohnendes Einkaufserlebnis.

Die besten Übernachtungsmöglichkeiten in Las Vegas

Wenn Sie darüber nachdenken, einen Urlaub in Las Vegas zu verbringen, sollten Sie ein Hotel wählen, das Ihnen die Planung Ihrer Reiseroute am einfachsten ermöglicht. Es gibt viele wundervolle Orte zum Übernachten in Las Vegas, und diese energiegeladene Stadt bietet Unterkunftsalternativen für jedes Budget!

Der Las Vegas Strip ist der richtige Ort, wenn Sie in der Nähe aller Aktivitäten sein möchten. Dieser Streifen, der Vegas repräsentiert, wird von vielen der bekanntesten Sehenswürdigkeiten der Stadt begrenzt. Dies ist die perfekte Darstellung von Las Vegas, komplett mit dem majestätischen Caesars Palace, dem Luxor Hotel im ägyptischen Stil und den Brunnen von Bellagio!

Wir empfehlen Ihnen, in der Innenstadt von Vegas zu übernachten, wenn Sie Las Vegas eher im Vintage-Stil erleben möchten. Auch hier gibt es viele Geschäfte, Restaurants und Kneipen, wenn auch eher zurückhaltend. In dieser Gegend gibt es mehrere hervorragende Airbnbs in Vegas.

Eine der bekanntesten und historischsten Sehenswürdigkeiten in der Innenstadt von Vegas ist die Fremont Street. Dieser Stadtteil bietet preisgünstigere Unterkünfte und liegt nur eine kurze Autofahrt vom Las Vegas Strip entfernt!

Top-Hostel in Las Vegas – Sin City Hostel

Das Sin City Hostel liegt am Las Vegas Boulevard, nur 10 Gehminuten vom nördlichsten Punkt des Las Vegas Strip entfernt. In der Nähe gibt es eine Bushaltestelle, die Sie in die Innenstadt und zum Strip bringt. Es arbeitet ununterbrochen. Dieses Hostel bietet kostenloses

Frühstück und Wanderausflüge! Wenn Sie übers Wochenende nach Las Vegas reisen, sollten Sie rechtzeitig reservieren, da es dort sehr voll wird.

Top Airbnb in Las Vegas – Angel's Place (mit Außenpool!)

Dieses fantastische Airbnb ist der beste Ort für Familien und Gruppen. Dieses sichere, freundliche und gemütliche Airbnb bietet Ihnen alles, was Sie für einen fantastischen Urlaub brauchen, einschließlich eines fantastischen Außenpools und einer erstklassigen Lage in der Nähe des Strips! Das Schönste ist, dass der Preis nicht so hoch ist! Es gibt genügend Schlafzimmer für acht Personen, eine elegante Küche und Grillmöglichkeiten.

Darüber hinaus gibt es einen großen Parkplatz, der Platz für vier Autos bietet. Familienausflug? Fahre nun fort.

Top-Low-Cost-Hotel in Las Vegas – The Carriage House

Für das Geld bietet The Carriage House ein ausgezeichnetes Preis-Leistungs-Verhältnis! Da der Las Vegas Strip nur eine kurze vierminütige Autofahrt entfernt liegt, sind Sie in der Nähe aller Aktivitäten. Jedes der großen Zimmer in diesem Hotel verfügt über eine Küche oder eine Küchenzeile! Ein Tennisplatz, ein Fitnessstudio und ein Außenpool stehen zur Verfügung!

Top-Luxushotel in Las Vegas – The Bellagio

Im Zentrum von Las Vegas finden Sie das Bellagio! In diesem opulenten Hotel und Casino stehen Ihnen gehobene Zimmer mit Minibar, motorisierten Vorhängen, Bademänteln und einem Flachbild-Sat-TV zur Verfügung!

Auf dem Gelände gibt es viele Pubs und Restaurants sowie ein Spa mit umfassendem Service. Dank dieses Hotels wird Ihre Las

Vegas-Reise so opulent wie möglich! Das Innendesign des Hotels passt zur Eleganz der Zimmer. Sie werden nicht enttäuscht sein.

Top-Strände in Las Vegas

Wenn Sie sich Sandstrände und kristallklares Wasser vorstellen, ist Las Vegas vielleicht nicht das erste Reiseziel, das Ihnen in den Sinn kommt. Die Stadt ist für ihre opulenten Casinos, ihr pulsierendes Nachtleben und ihre erstklassige Unterhaltung bekannt und passt nicht in die traditionelle Strandlandschaft.

Doch inmitten der Hektik der geschäftigen Straßen von Las Vegas gibt es eine überraschende und unverwechselbare Besonderheit – die künstlichen Strände, die einen erfrischenden Zufluchtsort aus der Wüstenumgebung bieten. In diesem Blogbeitrag befassen wir uns mit den Reizen, Aktivitäten und optimalen Möglichkeiten, die unkonventionelle Strandkultur von Las Vegas in der Wüstensonne zu genießen.

Auf den ersten Blick könnte man annehmen,

dass Strände in Las Vegas, das in der trockenen Mojave-Wüste von Nevada liegt, ein Ding der Unmöglichkeit sind. Der Zauber von Vegas liegt jedoch in seiner Fähigkeit, Erwartungen zu übertreffen, und obwohl es keine natürlichen Strände gibt, gedeihen künstliche Strände. Durch entschlossene Bemühungen hat sich diese Wüstenstadt in eine luxuriöse Strandoase verwandelt, die mit hoch aufragenden Palmen und üppigem tropischem Grün geschmückt ist.

Wenn die meisten Menschen an Las Vegas denken, stehen der glitzernde Strip, das Klirren der Casino-Chips und die elektrisierende Unterhaltung der legendären Wüstenstadt im Mittelpunkt. Während der Glamour unbestreitbar ist, dürfte für viele die Anwesenheit herrlicher Strände überraschend sein. Ja, Sie haben es richtig gehört.

Tief in der Mojave-Wüste liegen diese unerwarteten sandigen Rückzugsorte. Unser

Reiseführer enthüllt den unerwarteten Charme der Strände von Las Vegas und stellt versteckte Zufluchtsorte vor, in denen Sie sich entspannen und eine andere Seite von Sin City erkunden können.

1. Paradise Beach South, Nirvana Pools und Paradise Beach North

Im Hard Rock Hotel erwartet Sie eine Fülle von Strandmöglichkeiten, und das ist ein Grund zum Feiern! Erkunden Sie einen der drei Pools in diesem 40-Millionen-Dollar-Paradies für ein unvergessliches Erlebnis. Es gilt als eines der schönsten Strandresorts in Las Vegas und verfügt über zahlreiche Tagesbetten, Cabanas und farbenfrohe Blumen.

An Wochenenden kostet der Eintritt zwischen 35 und 43 US-Dollar, aber an Wochentagen können Einheimische die Atmosphäre kostenlos genießen! Der Nirvana Pool trägt mit seinem

Café, seiner Bar und seinem Grill zum Charme bei – ein wahres tropisches Strandparadies!

Das Hard Rock Hotel liegt an der 4455 Paradise Road.

2. See Las Vegas

Bevor Sie in die Strandfreuden eintauchen, sollten Sie einen Aufenthalt im luxuriösen Westin Lake Las Vegas in Betracht ziehen. Der Preis liegt je nach Zimmergröße und Ausstattung zwischen 120 und 610 US-Dollar pro Nacht.

Clubhausmitglieder haben Zugang zu einem weißen Sandstrand mit Badebereich, einem Außenpool, Cabanas, einer Lounge und einer Snackbar. Mit dem Verleih von Kajaks, Paddleboards und Booten wird es für Sie, Ihre Freunde oder Ihre Familie nie langweilig!

3. Mandalay Bay Beach

Wenn Sie den Mandalay Bay Beach nicht kennen, leben Sie möglicherweise in einer Höhle ohne Verbindung zur Außenwelt – so beliebt ist er unter den Strandresorts in Las Vegas. Der riesige Süßwasserpool ist von einem Sandstrand umgeben und verfügt über eine Wellenmaschine, die periodische Wellen erzeugt.

Mandalay Bay Beach bietet 100 Cabanas, Tagesbetten und Strandbungalows zur Reservierung und sorgt für ein unvergessliches Erlebnis. Für optimalen Genuss sollten Sie sich den hier ansässigen Moorea Beach Club nicht entgehen lassen.

Adresse: 3950 S. Las Vegas Boulevard

4. VooDoo Beach

Entdecken Sie den herrlichen VooDoo Beach im The Rio in Las Vegas mit vier von echtem Sand umgebenen Swimmingpools, Wasserfällen und Whirlpools für ein umfassendes Erlebnis. Gäste können sich Massagen am Pool gönnen und gleichzeitig die perfekte Bräune erzielen. Für Hotelgäste sind die Massagen kostenlos. Beachten Sie, dass ein Abschnitt des Voodoo Beach für Gäste ab 21 Jahren reserviert ist, wenn Sie mit Ihrer Familie anreisen.

Adresse: 3700 West Flamingo Road.

5. HRH Beach Club

Der Hard Rock Hotel Beach Club, Heimat eines der besten Strandclubs in Las Vegas und Austragungsort der berühmten Pool-Spektakel „Rehab", ist der Inbegriff von Eleganz. Die von echtem Sand umgebenen Beach Club-Pools mit barrierefreien Abhängen machen ihn zu einem der belebtesten und exklusivsten Strände von Las Vegas. Ein Besuch hier ist ein Muss für ein wirklich unvergessliches Erlebnis.

Von Las Vegas empfohlene Buchungsressourcen

Diese Unternehmen sind meine erste Wahl, wenn ich auf Reisen gehe. Sie bieten stets die besten Angebote, außergewöhnlichen Kundenservice und ein unschlagbares Preis-Leistungs-Verhältnis und stellen ihre Konkurrenten in den Schatten. Sie gehören ohne Zweifel zu meinen bevorzugten Optionen und dienen als erste Anlaufstelle auf meiner Suche nach Reiseschnäppchen.

1. Skyscanner – Meine erste Wahl für die Flugsuche, Skyscanner ist die beliebteste Flugsuchmaschine. Es durchsucht kleine Websites und Billigflieger, die von größeren Suchplattformen oft übersehen werden, und ist damit der unbestrittene Ausgangspunkt für jede Reise.

2. *Hostelworld* – Hostelworld ist die führende Website für Hostelunterkünfte und bietet das umfangreichste Inventar, eine benutzerfreundliche Suchoberfläche und eine beispiellose Verfügbarkeit. Es ist die ultimative Wahl für nahtlose Hostelbuchungen.

3. *Booking.com* – Die ultimative Buchungsseite, die stets die wettbewerbsfähigsten Preise bietet. Mit der größten Auswahl an günstigen Unterkünften hat Booking.com in all meinen Tests durchweg die günstigsten Preise unter allen Buchungswebsites bereitgestellt.

4. *Holen Sie sich Ihren Leitfaden* – Get Your Guide ist ein riesiger Online-Marktplatz für Touren und Ausflüge und eine Fundgrube an Optionen weltweit. Von Kochkursen über Wandertouren bis hin zu Street-Art-Kursen ist alles dabei!

5. *SafetyWing* – Safety Wing ist auf digitale Nomaden und Langzeitreisende zugeschnitten und bietet praktische und erschwingliche Tarife. Mit budgetfreundlichen monatlichen Optionen, ausgezeichnetem Kundenservice und einem benutzerfreundlichen Antragsprozess ist es die ideale Wahl für diejenigen, die viel unterwegs sind.

6. *LifeStraw* – Mein zuverlässiger Begleiter für wiederverwendbare Wasserflaschen mit integrierten Filtern, die eine konstante Versorgung mit sauberem und sicherem Trinkwasser gewährleisten.

7. *Ungebundene Merinowolle* – Pioniere bei der Herstellung leichter, langlebiger und leicht zu reinigender Reisekleidung.

8. *Top-Reise Kreditkarten* – Punkte sind die ultimativen Reisekostensparer. Hier sind meine bevorzugten Kreditkarten zum Sammeln von

Punkten, damit Sie kostenlose Reisevorteile genießen können!

Abschluss

Während wir uns den letzten Seiten unseres Las Vegas-Reiseführers für 2024 nähern, möchte ich mich dafür bedanken, dass Sie diesen Reiseführer als Ihren Begleiter bei der Erkundung des schillernden Reichtums der Unterhaltungshauptstadt der Welt ausgewählt haben. Las Vegas ist nicht nur ein Reiseziel, sondern verkörpert mit seinen neonbeleuchteten Nächten und seiner unerschöpflichen Vitalität auch einen einzigartigen Geisteszustand.

Im Herzen der Wüste, wo sich der berühmte Strip wie eine faszinierende Oase entfaltet, sind wir gemeinsam durch ein Reich gereist, in dem sich die Möglichkeiten bis zum Wüstenhimmel erstrecken. Von den lebhaften Casinos bis zu den Weltklasse-Shows – jede Seite zielt darauf ab, die Lebendigkeit einzufangen, die Las Vegas zum Inbegriff eines Kurzurlaubs macht.

Neben dem glamourösen Äußeren ist es der Abenteuergeist, der diese Stadt wirklich auszeichnet. Ganz gleich, ob Sie die Ruhe in den abgeschiedenen Ecken des Arts Districts entdeckt haben oder in das lebhafte Chaos der Fremont Street eintauchen, Las Vegas hat sich zu mehr als nur einem geografischen Ort entwickelt – es ist ein Erlebnis, das in die Struktur Ihrer Reiseerzählung eingewoben ist.

Wenn Sie den Reiseführer schließen und in den rhythmischen Puls des Strips eintauchen, mögen die Erinnerungen an dynamische Darbietungen, die Aromen exquisiter Küche und die Faszination der Lichter in Ihren Sinnen verweilen. Las Vegas ist ein Fest, ein Ort, an dem Träume und Realität unter den Sternen der Wüste tanzen.

Auf die Nächte, die nahtlos in Morgen übergingen, auf das Gelächter, das durch die belebten Boulevards hallte, und auf die

Vorfreude, die jeden Würfelwurf begleitet. Mögen Ihre bevorstehenden Abenteuer so gewagt und brillant sein wie die Stadt, die niemals schläft, wenn Sie ein Stück Las Vegas mit sich führen. Bis sich unsere Wege im Neonlicht wieder kreuzen, gute Reise und möge Ihr nächstes Kapitel so aufregend sein wie eine Nacht in Las Vegas.